入門

キャリアカウンセリングとメンタルヘルス

宮脇優子・廣　尚典 著

基礎知識と実践

金子書房

刊行にあたって

2016年「キャリアコンサルタント」が名称独占の国家資格となり，それ以後毎年その有資格者が数多く誕生しています。しかし，その資格は，相談者への質の高い支援を実践できることを保証するものではありません。キャリアコンサルタントは，自らの能力を的確に評価・自覚し，身の丈にあった活動をすることが重要であるといわれています。実践のために不足している点については，問題意識を持ち，補完する姿勢が求められます。

昨今，キャリアコンサルティングに求められる要件として，相談そのものの基本的な能力に加え，メンタルヘルスに関する知識があげられることが多くなっています。キャリアコンサルティングにおいて，クライエントのメンタルヘルスに目を向けることは，その質を高める上で非常に重要です。それを考慮しない，あるいは端から範疇外と決めつけた対応をすると，支援の方向を誤ってしまったり，皮相的なものに終始してしまうことになりかねません。メンタルヘルス不調を経験した人，現在も治療を続けながら働いている人，さらに医療にはつながっていないものの疑われる人に対しては，その事実を踏まえた適切な支援が求められます。

組織で働く人へのキャリア支援に携わる人にとって学ぶことが必要とされるキャリアコンサルティングとメンタルヘルスについて，各々の知識や理論，ノウハウを解説した書籍は既に多数存在しています。しかし，両者の関連性に言及し包括的・体系的にまとめられた書は，その高いニーズにもかかわらず，ほとんど見られないのではないかと思います。本書は，そのようなニーズに応え，働く人へのキャリア支援に携わる人が持っておくべきキャリアカウンセリングとメンタルヘルスの基礎知識と実践に役立つ知見を一冊にまとめました。特に，組織的な対応・個人への援助のあり方については事例を通してわかりやすく示すことを心がけました。

読者の対象としては，以下の方々を想定しています。まず，キャリアコンサルティングの実務についている，あるいはこれからそれを目指す人です。次に，産業医，産業看護職，衛生管理者といった，事業所内で産業保健活動に従事する専門職です。職場の健康管理では，単に健康問題を発見したり，改善したりするだけでなく，就業能力の評価，現在の職場で就業が継続できるかどうか（することが望ましいかどうか）の判断にも関わる場面が少なくありません。その人の職業観，キャリアに関する考え方，個性など「その人らしさ」を理解した心理的な援助の視点が求められるのです。また，人事担当者や部下を持つ管理職の方々にも，職務にとって有益な情報を提供できるのではないかと思います。

小さい本ですから，これを読了しただけで明日からのキャリアコンサルティングに自信を持って取り組めるところまでを保証することはできません。しかし，どのような知識や能力を高める必要があるのか，今後の研鑽を積むための道標にはなるのではないかと考えています。

本書が，働くということの支援に関わる様々な方々に，少しでもお役に立てれば幸いです。

最後に，本書の企画に賛同をいただき，刊行に至るまでご尽力いただいた金子書房編集部の木澤英紀氏に心から感謝を申し上げます。

2021 年 2 月

宮脇優子
廣　尚典

目　次

I

キャリアカウンセリングの基礎と実際

宮脇優子

CHAPTER 1 キャリアカウンセリングの基礎知識

1. キャリアカウンセリングとは

カウンセリングとは

「カウンセリング」や「カウンセラー」という言葉は，今日では世の中で一般的に聞かれるようになっていますが，それらは日本で発祥した言葉ではありません。1950年代にアメリカで生まれ，その後，日本に輸入された言葉（渡辺，2002）なのです。輸入された当時は，カウンセリングは「相談」，カウンセラーは「相談員」と訳されたそうです。

しかし，輸入され，約70年が経った今でも，未だ臨床家の方の間で「カウンセリングと心理療法を厳密に区別することは難しい」「カウンセリングとは心理療法の一つの技法である（対話による治療である）」と，とらえられている場面，また世の中においても，「カウンセリング」と「セラピー」が同じものとして扱われている場面に遭遇することがあります。

学術的には，カウンセリングは，心理療法の一技法ではなく，またカウンセリングと心理療法（サイコセラピー）は土台となる学問体系も異なり（カウンセリングはカウンセリング心理学が，心理療法は臨床心理学が土台となります），両者は異なる特徴を持っています。

そこで，カウンセリングとは何かという問いへの答えとして，カウンセリングの定義について考察します。カウンセリングの学術的な定義を表1−1に示しました。

この定義の冒頭の「心理学的な」とは，カウンセリングは，知識体系として心理学を土台としているという意味です。具体的には，カウンセリング心理学，学習心理学，パーソナリティ心理学や心理測定法を共通の土台として，実

表 1−1　Herr と Cramer によるカウンセリングの定義　(渡辺，2002, p.8)

「カウンセリングとは，心理学的な専門的援助過程である。そして，それは，大部分が言語を通して行われる過程であり，その過程のなかで，カウンセリングの専門家であるカウンセラーと，何らかの問題を解決すべく援助を求めているクライエントとがダイナミックに相互作用し，カウンセラーはさまざまの援助行動を通して，自分の行動に責任をもつクライエントが自己理解を深め，『よい（積極的・建設的）』意思決定という形で行動がとれるようになるのを援助する。
そしてこの援助過程を通して，クライエントが自分の成りうる人間に向かって成長し，成りうる人になること，つまり，社会のなかでその人なりに最高に機能できる自発的で独立した人として自分の人生を歩むようになることを究極的目標とする」(Herr and Cramer, 1988)。

践にはさらに各分野の知識体系の習得が必要となります。

働く人を支援するカウンセラーであれば，上記に加えて職業心理学，産業組織心理学，グループダイナミクス（集団力学），心理統計，心理アセスメント，心理学以外では，文化人類学，哲学，社会学の見識も持ち合わせていることが望ましいといえます。また，メンタルヘルスに関わる問題も扱うため，産業精神保健（職場のメンタルヘルス），職業性ストレス理論や精神医学の知識を必要とされる局面もあります。カウンセリングは扱う問題の範囲が広いため，おのずと幅広い対応策が求められ，関連する学問領域も広範囲に及びます。カウンセリングという援助活動は，心理学を基盤として，広い範囲の学際的な学問体系に支えられているのです。

次に，「専門的援助過程」の意味ですが，「専門的援助」とは，カウンセリングは，人生経験豊かな人がアドバイザー的に，自分の人生経験に基づいて行う援助活動を意味するのではなく，専門的教育を受けた専門家による援助活動であるということです。カウンセリングは，聞き上手な友人が相談に乗ることとも異なります。友人同士で「心理学を勉強したなら，私をカウンセリングしてほしい。」などという会話がなされる例がありますが，心理学を勉強した，聞き上手な友人による相談は，「カウンセリング」とはいいません。友人との間には，もともと存在する「友人関係」という関係があり，その上に問題が持ち込まれて相談関係が発生することになりますが，カウンセリングにおけるクライエントとカウンセラーの関係は，クライエントが抱える問題の解決を援助するという明確な目標を持つ関係であり，問題の解決とともに関係が終了するという「専門的な（professhional：職業的な）」関係にあるのです。カウンセリングの特徴は，その援助関係が「専門的な関係」であるというところにあります。

定義の中の「クライエントが自己理解を深め，『よい（積極的・建設的）』意思決定という形で行動がとれるようになるのを援助する。」とは，カウンセリングにおいてクライエントが自己理解，自己洞察を深められるようになる援助は必要不可欠ですが，生きていく上においては，自己理解や自己洞察を深めただけでは，解決できない問題も多く存在しており，特に職業生活上の問題や職業選択の問題は，「意思決定する」「選択する」など具体的に行動を起こすことが必要になる問題も多いことを示唆しています。

よって，Herr & Cramer の定義は，カウンセラーには，自己洞察の援助と，クライエント自らが問題解決のために意思決定したり行動を起こせるようになるための援助の両方が必要とされていると解釈することができると思います。

また，「クライエントが自分の成りうる人間に向かって成長し，成りうる人になること，つまり，社会のなかでその人なりに最高に機能できる自発的で独立した人として自分の人生を歩むようになることを究極的目標とする」とは，クライエントがカウンセラーの力を借りて，目の前の問題を解決することを通じて，問題解決する力や知識を身につけ（学習し），自分のためのみならず，社会にその人らしさを活かして貢献できるようになる――それがカウンセラーの援助の目標であるということを表しています。渡辺（2002）は，カウンセリングの特徴は問題をとらえる視点が「発達的視点」に立つことであるとし，人間は，本来発達する可能性を有しているが，それが様々な要因によって妨げられることがある存在であり，よって個人の発達を促す様々な支援が必要とされていると強調しています。

キャリアとは

キャリアカウンセリングを理解するために，あらためて「キャリア」の概念について概観しておきます。「キャリア」は，一般的には「職歴」「経歴」と理解されていることが多いですが，その他には「職業生活」「仕事を含めた人生」「生き方」あるいは，「仕事を通して身につけた能力」すなわち「職務能力」，という意味合いもあります。また，組織において昇進・昇格によって職業上の地位が上昇したことや専門的職業を意味する場合もあります（例：キャリアウーマン……専門的な職業に長期に従事する女性）。

キャリアの定義について，心理学領域の研究者たちは次のように提示しています。

アメリカの職業心理学者スーパー（D. E. Super）は，「キャリア」とは二つの概念があり，一つ目は，職業としてのキャリアであり，青年期から引退期に至るまでの地位の系列，二つ目は，家族や市民としての役割，地位であるとし，これらをライフ・キャリアと呼びました。スーパーは，「キャリア」をこの二つ，すなわち職業的キャリアとライフ・キャリアとを包括した，生涯発達の視点にたった概念として定義（表1−2）し，「ライフ・キャリア・レインボー」（図1−1）というモデルで示しました。

キャリアについて，渡辺・Herr（2001, p.19）は次のように述べています。

「キャリアは，個々人が，具体的な職業や職場などの選択・決定をとおして，時間をかけて一歩一歩努力して進んでいくのであり，創造していくものである。個人が何を選び，何を選ばないかによって作り出されるものであるか

表1−2　スーパーのキャリアの定義　（木村，2018, p.12）

①人生を構成する一連の出来事。
②自己発達の全体の中で，労働への個人の関与として表現される職業と，人生の他の役割の連鎖。
③青年期から引退期にいたる報酬，無報酬の一連の地位。
④それには学生，雇用者，年金生活者などの役割や，副業，家族，市民の役割も含まれる。

ら，ダイナミックであり，生涯にわたって展開されるものなのである。したがってキャリアは個々人にとってユニーク（独自）なものである」

渡辺は，「職業」は，あくまで個人とは独立して存在するものであるとする一方，「キャリア」は，その人と結びつき，その人固有のものであると述べています。

木村（2018）はキャリアの定義として次の3点をあげています。

①個人の人生の中で内的にも外的にも，何らかの意味で発達的な要素を含む仕事（職業的）移動である。

②個人の生涯にわたって継続するものである。

③その中心となるものは個人にふさわしい人間的成長や自己実現であることが

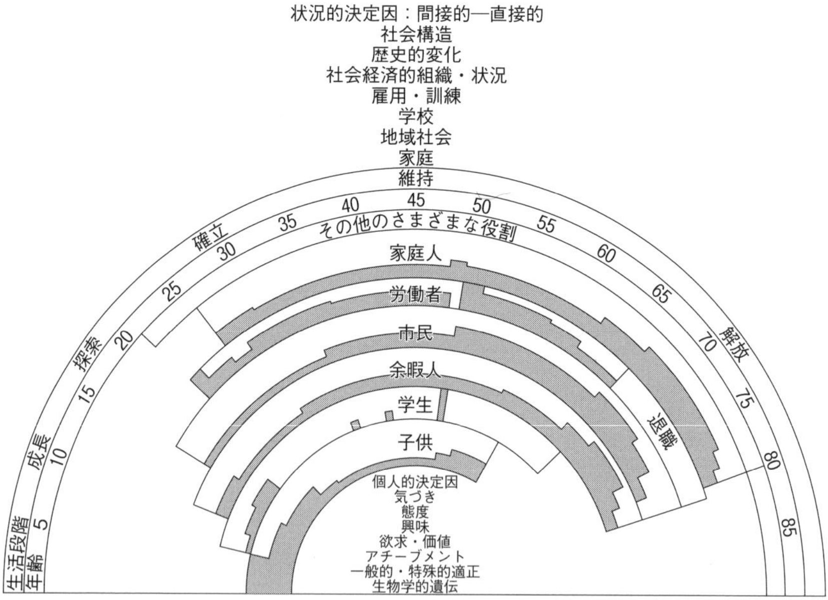

（出典：Nevill & Super, 1986 を一部改訂）

図 1−1　ライフ・キャリア・レインボー（岡田，2007）

渡辺 三枝子（編著）（2007）．新版 キャリアの心理学
——キャリア支援への発達的アプローチ——　ナカニシヤ出版　p. 37 より

含意されていると考える。

木村の定義では，キャリアは，生涯にわたって継続されるものであり，個人の成長が含意されたものであるとしています。

これらより，その人独自のものである「キャリア」は，生涯にわたる成長・発達の連続した過程であることが理解できます。

また，金井（2002, pp.26-27）は，キャリアを「長い目でみた仕事生活のパターン」と表現し，キャリアの節目（転機，岐路）にキャリアをデザインする必要性を提唱しています。キャリアを「馬車の辿ってきた道程を示す轍」に，馬車の御者をキャリアを歩む人にたとえ，次のように述べています。

「馬車が遠い道を旅する様を思い浮かべてほしい。（中略）振り返れば，轍（わだち）が残っている。その轍になんらかのパターンが見出される。たとえば，いつも開拓地に向かっていたな，とか。そういえば，迷ったときはいつも北に向かっていたな，とか。振り返るのは，過去をなつかしがるだけでなく，将来を展望することにもなり，旅全体を意味づけることにもなる。」

キャリアは，英語では，careerであり，馬車を表すcarriageや運送人のcarrierとは同語源であり，大事なもの，重たいものを遠くに運んでいくという共通なイメージがあります。金井は，その運んでいく大事なものがキャリアでは，「長期的な生き方・働き方」であるとしています。そしてまた，水先案内人がいてもいなくても，最終的にどちらに行くかを自分で選ばなければなりませんし，岐路を越えるときには自分で道の選択をしなければなりません。たった1回限りの人生の「節目」での「選択の連続」がキャリアであり，馬車の轍（長年の仕事生活の歩み）を見れば，御者にとってこれからどこに向かってどのように歩むのが幸せなのかを考えるヒントが見つかるはずだ（金井，2002）と，これまでのキャリアを俯瞰し，意味づけをすることから次の方向性が見出せるものであると指摘しています。

他者の評価や世間での地位（外的キャリア）とは切り離して，自身が自分のキャリアをどのように意味づけるか（自分にとって意味ある職業生活であったか，満足できるものであったか，幸せであったか）が「内的キャリア」であり，内的キャリアへの理解こそが，自分らしさの実現，将来への展望に結びつくということなのです。

キャリアカウンセリング，キャリアカウンセラーとは？

働く人を支援するキャリアカウンセリングとは何か，また，その目的についてはHerrとCramerの定義が参考になります（表1−3）。

組織で働く人は，職場や経営組織を取り巻く社会経済環境の影響を受け，心理的葛藤，ジレンマ，不安を経験しながら，環境（例：外部の経済環境，経営環境，職場）からの影響や変化に適応することを迫られながら職業生活を送っています。

援助職としてのキャリアカウンセラーの役割は，個人が心理的葛藤や不安，自信喪失を乗り越えて，環境への適応・対処ができるようになること，そして，個人がそのための力やスキルを身につけ，自身を十分に発揮できるよう援助を行うということです。渡辺（2002）は，援助にあたって，個人の深層心理や，内的世界に焦点をあてるより，「個人と環境の相互作用」という側面に焦点をあてて援助する，ということこそがキャリアカウンセリングの独自性であるとしています。

キャリアカウンセリングは，職業上の選択・意思決定のみならず，個人が自己理解を深め，情報や助言をもとに具体的な行動計画を定め実行したり，技

表1−3　HerrとCramerによるキャリアカウンセリングの定義

（渡辺・Herr, 2001, p.21）

「キャリアカウンセリングとは，(1)大部分が言語をとおして行なわれるプロセスであり，(2)カウンセラーとカウンセリィ（たち）（中略）は，ダイナミックで協力的な関係のなかで，カウンセリィの目標をともに明確化し，それに向かって行動していくことに焦点を当て，(3)自分自身の行為と変容に責任をもつカウンセリィが，自己理解を深め，選択可能な行動について把握していき，自分でキャリアを計画しマネージメントするのに必要なスキルを習得し，情報を駆使して意思決定していけるように援助することを目指して，(4)カウンセラーがさまざまな援助行動をとるプロセスである」(Herr & Cramer, 1996)。

筆者補足）「カウンセリィ」は「相談者」と同意です。

能・スキルを獲得したり，意思決定や行動ができるようになることを目指します。そのことを通じて個人のキャリア発達――職業の選択とそれへの適応を通じての一生涯に渡る成長・発達――を促すことを目的とします。そのような援助を行う専門家がキャリアカウンセラーであり，キャリアカウンセラーは，人が職業生活を送っていく上で遭遇する様々な問題を扱います。

2. 起源からみるキャリアカウンセリングの特質

カウンセリングの起源と源流

キャリアカウンセリグの特質を理解するために，カウンセリング発祥の背景，カウンセリングの源流となった社会的運動について紹介します。

①職業指導運動

カウンセリングは，19 世紀末から 20 世紀初頭のアメリカで発祥しました。その頃のアメリカは，産業革命による急速な工業化により著しい経済発展を遂げていました。当時，その変化の中で最も影響を受けたのは農村部から都市部に職を求めてやってきた若者層でした。農業従事者だった彼らは，大都市の工場労働者となり，また雇用主から管理される賃金労働者となったのです。

当時は，一人ひとりの適性などは考慮されず職場に配置されたため，技能レベルや教育レベルの違いによる賃金格差は広がり，早期に離職する若者が増加していきました。親や先輩など大人は誰も経験してきていない状況にあったため，若者たちを援助できる資源が存在していなかったといいます。そのような状況から彼らを救おうと援助活動を開始したのが社会改革運動家のフランク・パーソンズ（F. Parsons）でした。パーソンズは，1908 年にボストンに職業相談所を開設し，職業カウンセリングを開始しました。そして，「職業の選択」という著書をあらわし，科学的な職業選択のモデルを示し，ガイダンスと職業カウンセリングの手法を理論化しました（のちの特性・因子論)。そのモデルとは次のようなものです。

1）自分自身の能力・興味・希望・資質・限界，その他諸特性を理解する（自己理解）
2）様々な職業や仕事について，その仕事に求められる資質，成功の条件，有利な点・不利な点，報酬，就職の機会，将来についての知識を得る（職業理解）
3）その二つの関係について合理的な推論を行う（人と職業のマッチング）

という明快な三つのステップでした。このようなステップで適材適所の指導を行う人をパーソンズは，カウンセラー（職業カウンセラー）と呼んだのです。

しかし，この頃のカウンセリングは現在のようなものではなく，カウンセラーの仕事は，個人の特性と職業条件をマッチングすることが中心業務であったようです。

それ以来，職業カウンセリングは発展し，このガイダンス（職業指導）は，教育活動にも導入され，アメリカ社会に浸透していったのです。このパーソンズの職業指導の実践とそれに続く教育活動における展開が，「職業指導（ガイダンス）運動」といわれています。このように，カウンセリングの発祥は，「職業カウンセリング（vocational counseling）」であり，その背景は，産業革命による社会経済の変化にありました。個人と環境との葛藤から悩みが生じ，その葛藤に焦点があてられた援助がカウンセリングであったのです。現在のカウンセリング，キャリアカウンセリングの特質の原点ともいえます。

②心理測定運動

20世紀初頭に起こった，当時の心理学の分野でさかんであった心理測定と個人差の研究をもとにした運動が心理測定運動です。アメリカでは第一次世界大戦の影響を受け，知能や技能を測定する心理検査の開発がさかんに行われました。1905年にビネー（A. Binet）とシモン（T. Simon）が世界で最初の心理検査（知能検査）を開発し，運動はさらに展開されました。職業指導においても人間を客観的に理解できる心理検査が活用されるようになり，そこにカウンセラーの役割が求められるようになりました。

③精神衛生運動

クリフォード・ビアーズ（C. W. Beers）による精神衛生運動です。彼は，精神科医のマイヤー（A. Meyer）の支援を受けて，自らのうつ病の経験をもとに，1908年に全国精神衛生協会を設立しました。初期は精神病院における劣悪な入院環境や患者への非人道的な待遇の改善を求める運動で，これにより精神病や神経症の早期発見と適切な治療，また患者の心理を理解した治療を行う必要性が叫ばれていきました。その後，特に青少年の精神衛生の必要性が注目され，アメリカ各地の児童相談所の教育相談や臨床機関における相談などに影響を与え，この運動は世界に広まることとなりました。また，同時に，人間性心理学やカウンセリングの普及促進にも大きな影響を与えたといわれています。

ちなみに，1930年代～40年代は，ヨーロッパから多くの心理学者がアメリカに渡った時期でした。それによって臨床心理学や発達心理学，パーソナリティ心理学など様々な心理学の理論が広く知られ，受け入れられるようになり，アメリカにおいて心理学の基礎が築かれることとなりました。カウンセリング界に大きな影響を与えたロジャーズ（C. R. Rogers）の非指示的アプローチが『Counselling and Psychotherapy』（カウンセリングと心理治療）の出版により，世界に初めて紹介されたのが1942年のことでした。

カウンセリングは心理学的援助活動として独立

1951年には，カウンセリングの土台となる学問体系であるカウンセリング心理学は，アメリカ心理学会において「カウンセリングとガイダンス部会」から「カウンセリング心理学部会」としての変更が承認されました。これにより社会活動とされていたカウンセリングは心理学を土台とする独立した専門分野として公式に承認されることとなり，医療的な場面で働く臨床心理学者と違い，非医療的場面で個人の様々な適応問題に関わる専門家としてカウンセリング心理学者（カウンセラー）の存在が認められることとなりました。スーパー

表1−4　スーパーによる職業カウンセリングの新たな定義（渡辺，2002, pp.69-70）

「臨床心理学もカウンセリング心理学もともに，心身障害者や不適応者のみならず，すべての人を対象にする。しかし，彼らに対する関与の仕方において違いがある。前者は精神病理学的診断と治療に関与する。つまり，心理的問題をもつ人はもちろん，そういう問題をもたない人についてさえ，その人のなかにある異常性および表面化していないが不適応問題を起こしうる隠れた問題や傾向に焦点をあて，それらの問題傾向を診断し，それらを変容・除去することに関与する。
他方，カウンセリング心理学は，予防・衛生に関与し，異常傾向や問題をもつ人の場合であってさえ，その人のうちにある正常性に注目し，個人がこの複雑な世界のなかで遭遇するさまざまな事態に効果的に対処し自分の路を見出していくのを援助する。たとえば，心身に障害をもつ人の場合でも，その人のもつ個人的・社会的資質と適応への力に焦点をあてる。つまり，問題の除去や問題傾向の変容よりも，個々人が自分の資質を最大限に生かし，自分の環境を利用して，よりよく適応・成長するのを援助することに関心をもつ」(Super, 1951)

は，1951年に著した論文の中で次のように述べ（表1−4），臨床心理学とカウンセリング心理学の異なる特徴，そしてカウンセリングの独自性について言及しています。

1960年代になるとロジャーズの提唱した「非指示的アプローチ」が多大な影響を与えるようになり，マッチングを中心とした指示的アプローチが主流であったカウンセリング（特性・因子論）を心理学的援助活動へと発展させました。ロジャーズの出現により，カウンセリングの援助は「選択そのもの（個人と職業のマッチング)」から「選択をする個人」へと対象が移行し，個人の選択行動が援助の対象とされるようになりました。

一方で，ロジャーズは，心理治療とカウンセリングを区別する必要はないと主張したため，両者が混同されることとなり，カウンセラーのアイデンティティが揺らいだというスーパーの指摘があり，カウンセリング心理学部会では，その後あらためてカウンセリングの独自性の整理に力が注がれた（渡辺，2002）とされています。

職業カウンセリングからキャリアカウンセリングへ

1960年代後半になると，カウンセラーの三つの役割として，「治療的な役割」「予防的な役割」「教育的・発達的な役割」が提唱され，アメリカ社会においてそのニーズが高まり，職業カウンセリングは，1960年代末～70年代になってキャリアカウンセリング（career counseling）と改められました。キャリアカウンセラーの活動の目標は，個人が自己選択する力を身につけ，自立的に生きられる力を育てることでした。このような変化はなぜ起こったのでしょうか。それは，アメリカ社会では，第二次産業（工業）から第三次産業（サービス業）への産業構造の変化，IT化が起こるという大きな社会経済的変化が生じたからです。

社会のニーズは，予測のつかない経済環境の中で，個々人が環境との折り合いをつけながら，自ら主体的に，その人らしく生きていける力を身につけられるようになるということでした。そのことに伴い，治療的ニーズという限定的な役割よりもこのような社会の多くの人のニーズに応えられる援助機能を持つキャリアカウンセリングへの期待が，社会において増大していったのです。この頃には，カウンセリングの対象は若者・青少年だけでなく，広く大人の職業人にも広がっていきました。

そして，1980年代半ばから1990年代には，アメリカ社会はIT化のさらなる進展，産業構造の変化，グローバリズム，雇用調整などが起こり，働く人は再び大きな変化に見舞われ，キャリアカウンセリングへのニーズはさらに高まることとなったのです。

表1−1に示したキャリアカウンセリングの定義――環境との相互作用に焦点をあて，個々人が環境の変化に適応・対処できるように，自己選択し，自立的にその人らしく生きていけるようになる援助――を思い起こしていただくと，社会経済的変化の激しい今日，そして今後もアメリカのみならず日本，世界においてもキャリアカウンセリングへの期待はますます高まっていくとことと思われます。

3. 企業組織における働く人へのキャリア支援

キャリア自律支援とは

わが国では，バブル崩壊後，1990年代終わりから業績不振に陥り，経営が行き詰った企業は，中高年の雇用削減を実施し，その対象となった中高年社員の再就職支援の施策としてキャリアカウンセリングが実施された経緯があります。そのために，この時代には「キャリアカウンセリングは，アウトプレースメント（従業員の解雇を予定している企業の依頼により対象となる従業員の再就職の斡旋を代行する）に関わる相談である」というイメージが世の中に拡がりました。

2000年代以降は，ニートなどの就職困難な若者の増加に伴い，政府により就職支援のためキャリアカウンセラーを全国の自治体に配置する動きがさかんになり，キャリアカウンセラーの知名度はさらに向上していきました。

その後は，企業組織において，従業員のキャリア自律支援，エンピロイアビリティ（employability：雇用され得る力）向上支援などのキャリア支援の必要性が叫ばれることになり，キャリアカウンセリングは従業員の能力開発の文脈で支援策の一つとして注目され，現在に至っています。

キャリア自律支援とは，個々人が会社頼みではなく自ら自身の職業人生を考え，能力開発やキャリア形成を行っていけるようになるための支援ですが，それではなぜ働く人へのキャリア自律支援が注目されるようになったのか，なぜ企業組織はキャリア自律支援策に力をいれるようになったのか，その背景を以下の4点に整理しておきます。

企業のキャリア自律支援の背景

まず，1点目は，経営環境の変化です。日本はバブル崩壊以降，低成長の時代に突入し，IT技術の進展，グローバル化などの経営を取り巻く環境の変化が起こりました。そのため，従来の日本型の雇用慣行の変化を余儀なくされ，終身雇用制度の崩壊，成果主義の導入，次いで非正規雇用の拡大が起こりました。2点目は，その結果として起こってきた企業の人材マネジメントの転換です。低成長に加え，技術革新のスピードや経営を取り巻く環境変化も激しく，終身雇用を前提として社員に忠誠心を求めること，求心力を高めることは難しくなりました。そこで，人材マネジメントも管理・統制型から個人の自律支援型へと転換していくことになり，企業は社員の能力開発やキャリア自律支援にいっそう力を入れていくことになりました。3点目は，仕事の変化です。オペレーションは国外に移管され，先進国に残った仕事の大半は，付加価値を求めるクリエイティブな作業になったといわれています。既に欧米では，成果報酬をモチベーションとするマネジメントは限界に来ているといわれ，日本でも同様であり，従業員が自らのアイデンティティを明らかにして自律性を高め，結果として創造性の発揮と組織コミットメント（組織の一員として組織の期待に応えようとする態度）を高めることが期待されています。4点目として，働く人のキャリア意識の変化があります。働く人たちもキャリア自律志向は高まっており，その背景としては，前述の経営環境の変化により雇用形態に関わらず雇用に対する不安が高まり，組織に頼らず自分自身の市場価値を上げ，エンプロイアビリティを高めなければならない，自分のキャリアの方向性は自らがデザインしていなければならないという危機感が強まったということです。

このような経緯・背景により，企業は従業員に対する様々なキャリア支援策を講じるようになりました。キャリアカウンセリング（キャリアコンサルティ

表1−5　セルフ・キャリアドック　　　　**厚生労働省（2017）**

平成28年4月1日に施行された改正職業能力開発促進法では，労働者は自ら職業生活設計（キャリアデザイン）を行い，これに即して自発的に職業能力開発に努める立場にあることが規定されました。同時に，この労働者の取組を促進するために，事業主が講ずる措置として，キャリアコンサルティングの機会を確保し，その他の援助（中略）を行うことが規定されています。
セルフ・キャリアドックはこうした背景を踏まえ，それを実現していくための具体的な施策を反映した取り組みであり，その実施を通じて，企業としての人材活用目標と従業員一人ひとりのキャリア目標とを調整していくことで，企業の活力・生産性向上と従業員のキャリア充実を両立することにつながるものです。

ング）やキャリアデザイン研修（これまでのキャリアを棚卸し，今後のキャリアの方向性や組織での役割を考えさせる目的の研修），また，人事制度としては，社内公募制度や自己申告制度・社内 FA 制度などが，職場のマネジメントでは，目標管理制度（MBO：Management By Objectives），メンタリング，コーチングの導入，最近ではセルフ・キャリアドック（表 1−5）があげられます。セルフ・キャリアドックとはキャリアコンサルティングとキャリア研修などを組み合わせて行う従業員のキャリア形成を促進・支援するための総合的な取り組みです。

キャリアカウンセリングの役割

前述したように経営環境・雇用環境の変化への適応を迫られながら働く人々は，時として心理的葛藤やジレンマ，自信喪失，不安を抱え，進む方向を見失ったり，前に踏み出せず立ち止まってしまうという，キャリア上の悩みのある状態に陥る可能性があります。カウンセラーは，個々人が環境（自分を取り巻く状況：経営環境，職場環境など）に適応できるような力，環境に対処する力を身につけられるように援助を行います。キャリアカウンセリングの目標は，キャリア上で直面する問題の解決への援助を通して，問題解決のみならず，個人が問題解決するのに必要な力を身につけられるように援助するということなのです。

また，キャリア上の悩みが高じたり，長く続き慢性化すると，メンタルヘルスに不調をきたす可能性もあります。その水際で個々人が不調に陥るのを防ぐという予防的な役割もキャリアカウンセリングは担っています。働く人が抱える仕事や職業生活上の問題の中でカウンセラーが関与するキャリアとメンタルヘルスの領域の問題を図 1−2 に示しました。

図 1−2 の A のキャリア問題は，キャリア形成・能力開発，キャリアの方向性の選択，キャリアプランニング，求職・転職活動（非正規雇用から正規雇用への雇用形態のチェンジも含む），適性に関する問題，仕事と家庭生活の両立，育児でブランクのある女性の再就職などがあります。B のキャリア問題と

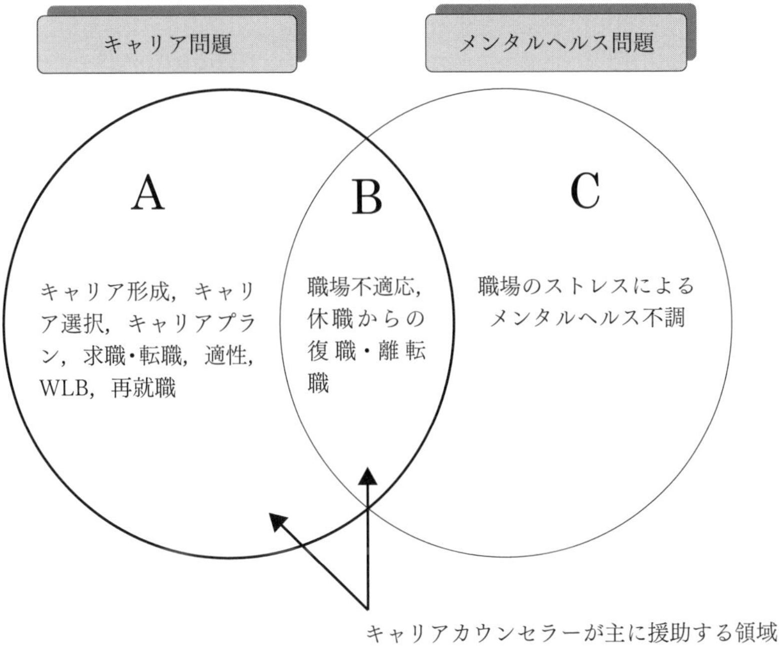

図 1−2　働く人が抱えるキャリアとメンタルヘルスの問題

メンタルヘルス問題の重なる領域は，労働過重・職場の人間関係・職務と適性のミスマッチなどから発生した職場不適応の問題，休職からの復職（復職支援・再適応支援）・離転職の問題（転職・退職後の仕事選択）などがあります。C の領域は，職場のストレス（労働過重，ミスマッチ，人間関係，ハラスメントなどから起因）によりメンタルヘルス不調に陥り，既に何らかの症状がみられ，職場での業務に支障が出ている場合であり，この領域は，産業保健スタッフによる支援や医療機関での治療が必要となる領域です。

産業組織で働くキャリアカウンセラーは，主として A と B の領域での援助に関与します。A の領域は，心理的援助（クライエントが自信喪失や不安，葛藤のため前に進めない状態であれば気持ちを立て直せるような援助）や専門的な助言・情報提供の援助を行います。また，キャリア問題の背後にメンタルへルス問題の存在がないか見立てる必要もあります。

Bの領域は，メンタルヘルス不調に陥るのを防ぐための適応問題への援助およびクライエントの状態の見立てを行います。キャリアの悩みで来談したクライエントと対話するうちに，本人に精神疾患の初期症状がみられている可能性が考えられ，医療機関での対応が必要と判断される場合は，早期に医療機関につなぎます。

また，産業組織内で産業保健スタッフの一員として働くカウンセラーの場合は，産業医の指示のもとに，Cの領域においても支援を行う場合があります。その場合は，組織外の専門機関（医療機関）との連携や人事，上司などの職場関係者への働きかけなども行うことがあります。

CHAPTER 2 キャリアカウンセリングの実際

1. 働く人を対象としたキャリアカウンセリングの具体的展開

5つのステップ

産業領域において働く人を対象として行われるキャリアカウンセリングの進め方は，臨床領域（医療機関等）において行われるカウンセリングと異なる面があります。キャリアカウンセリングの場合は，初回の面接でいったんは終結する例も多いという特徴があります。それは，継続面接を実施しないということではなく，キャリアカウンセリングは，クライエントが自身の抱える問題について，問題解決のための見通しをつけられたところで終了することが多いということです。そのため，今回の問題（例：キャリア形成上の，あるいはキャリア選択やキャリアプランニングに関わる問題など）はいったん目途がたったが，一定の期間を経て，また別の問題が発生する場合もあるため，発生ベースでカウンセリング面接を行うことになります。そのような前提でこれから述べるキャリアカウンセリングの展開を理解していただきたいと思います。

キャリアカウンセリングは，クライエントへの心理的援助とともに，クライエントが意思決定，行動がとれるようになる援助を行いますが，その具体的展開は，図2−1のように5つのステップを踏んでいく流れとなります。各ステップについて，とるべきカウンセラーの行動および留意すべき点を記述します。

ステップ（1）事前準備

↓

ステップ（2）クラエイントとの信頼関係の構築

↓

ステップ（3）クライエントの問題を把握

↓

ステップ（4）問題解決のための具体策の検討

↓

ステップ（5）終結

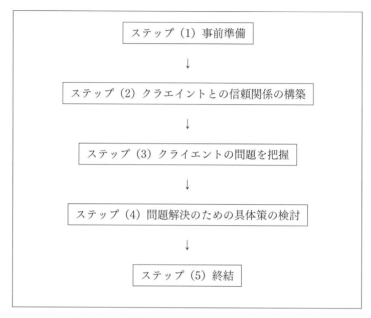

図 2−1　キャリアカウンセリングの 5 つのステップ

1　ステップ（1）　事前準備

来談者の情報と期待値調整

通常，キャリアカウンセリングは，電話やＥメールにより予約を受け付けますが，来談するクライエントについては次のような情報を事前に把握し，ある程度のイメージを形成しておく必要があります。

・クライエントの氏名・年齢・性別・職業（現在の就労状況――就労中かそれ以外か）・雇用形態・居住地・未既婚
・クライエントのおおまかな相談したい内容

また，来談予約を受け付ける際に，カウンセリング機関としては，クライエントの希望する相談内容が，当該機関で扱える範疇の内容かどうかを確認・判断しておくことが重要です。キャリアカウンセリングの機関では，通常，心身の「病気の治療」に関わる問題や「法律」に関わる問題は扱う範疇の問題とはされません。したがって，クライエントの希望する相談内容が扱えない範疇の相談である場合は，相談を受けられない旨を説明し，然るべき専門機関を伝えるか，紹介することが必要となります（通常，カウンセリング機関の事務局担当者が行います）。また，相談内容が非常に専門特化した分野に関わる内容で，それに対する具体的な情報提供をクライエントが求めている場合は，そのカウンセリング機関が扱える分野や問題の範疇を伝え，予約の時点で期待値調整をすることも必要になります。

カウンセラーの事前準備に欠かせないこと

カウンセリング面接の前に，カウンセラーにとって何より大事なことは，心身を平常の状態に整えておくことです。安定した心の状態と良好な体調は，クライエントの援助に最大のエネルギーを発揮するための準備態勢として必要不可欠な要素となります。カウンセラーの心身の状態が疲労していたり，何か不安や葛藤を抱えた状態にあったり，直前に心が乱れるような事柄に遭遇するなど，万全のコンディションではない状態でカウンセリング面接に入ると，たとえカウンセラー自身が切り替えたつもりになっていても，クライエントの話を傾聴する力が弱くなっていたり，クライエントの話の肝心なところを聴き流してしまったり，先を急いでしまったりすることが発生する可能性があります。面接が終了した後に，そのことに気づき痛感することになるのです。カウンセラーは面接に入る前には自らのコンディションに気を配り，直前には心が乱れたり心理的なエネルギーを要するような事柄に関わることはせず，それらは全てカウンセリング面接終了後に取り組むことが望まれます。

分野は異なりますが，アスリートは，試合に臨む前には心を安定させる「儀式」，つまりその人ならではのルーティンを持ち，実践する人も多いと聞きます。そのことによって，心が落ち着き余計な考えなどを排除して集中力を高めることができるというのです。カウンセラーも面接に入る前には，アスリートのように心を落ち着かせるルーティン――例えば，一杯のコーヒーを飲む，鏡で自らをチェックをする等々……自分ならではの心落ち着く儀式を実行し，平常心を作り面接に臨む習慣が作れるとよいでしょう。

2 ステップ（2） クライエントとの信頼関係の構築

クライエントとカウンセラーの「心の交流」

何らかのカウンセラー教育を受けた人であれば初学者の人であってもカウンセリングのプロセスにおいて，カウンセラーとクライエントには信頼関係の構築が必要であることは周知の事柄であると思います。それでは，なぜカウンセラーはクライエントと信頼関係を作らなくてはならないのでしょうか？

それは，信頼関係がなければ，カウンセラーはクライエントへの援助ができないからです。信頼関係を構築し，クライエントが安心して自分自身および自分の問題について話してくれなければ，カウンセラーは，援助に必要な情報が得られなくなります。しかし，単に「問題解決に必要な情報を得るために，信頼関係が必要」ということではありません。クライエントとの信頼関係は，援助の「前提」となるのです。

ロジャーズは，カウンセラーに必要な基本的態度として，「受容（acceptance）」「共感的理解（empathic understanding）」「自己一致（congruence）」をあげていますが，日本産業カウンセラー協会の産業カウンセラー養成講座テキスト（2013, p.45）によれば，「共感的理解が伝わると，クライエントはカウンセラーに対し信頼感を抱くようになる。自分を理解してくれる存在を感じ，不安や悩みを分かち合える人がいるという安心感をもつことができる。この安全な雰囲気のなかで互いの信頼関係が築かれていく。温かくそばにいてれる人を感じながら，より深く自分を見つめようとする。」としています。

目の前のカウンセラーに対し，信頼感を抱き，「このカウンセラーは，私のために考えてくれる人だ，親身になってくれる人だ」とクラインエントが感じることで，初めてカウンセラーに自分の内面を打ち明けられるようになります。そして，安心して自分を見つめ，自分の問題に勇気を持って立ち向かえるようになれるのです。つまり，クライエントの安心感およびカウンセラーとクライエントの間にいうなれば「心の交流」が形成されてこそ，信頼関係の構築が成立し，クライエントの問題解決が促されることになります。では，その信頼関係を構築するためには，どうしたらよいのでしょうか？

信頼関係をもたらすものは何か

まずは，カウンセラーはクライエントが話しやすい雰囲気をつくることに配慮することです。そのため，カウンセラーは，自身の非言語表現（表情，視線，姿勢，話し方，話し方のスピード，声の大きさ・トーン，言葉遣い，身なりなど）に注意を払う必要があります。カウンセラーに対するクライエントの感じ方や印象は，カウンセラーの発言内容よりも非言語表現によって印象づけられるところが多いことを肝に銘じておく必要があります。

そして，カウンセラーは，クライエントに様々な問いかけ（質問）をし，それに対して語られるクライエントの言葉に注意深く耳を傾け（傾聴），そのことによってクライエントの心情，考え，あるいはキャリアに関する情報を把握し，クライエントについて理解を深めていくことになります。

この際のカウンセラーの態度は，クライエントを裁かず，否定せず，許容的な態度で耳を傾けることが大切です。そして，クライエントの「言わんとすること」を掴んで，カウンセラー自身の言葉に置き換え，クライエントに伝え返して（フィードバックして）いきます。クライエントは，カウンセラーからフィードバックされることで自分について振り返り，自己洞察ができるようになります。そして，自分の抱いている感情や考えを自分で客観的に理解することができるようになります。ただし，この時カウンセラーは自分が理解したことを全てフィードバックすればよいのではなく，クライエントの心理状態に配慮しながら，今この場でフィードバックするべき内容かどうかを吟味，判断することが大切です。フィードバックする際は，言葉を選んだ上で行います。

アメリカのカウンセラー教育においても，カウンセラーの「態度」という要素はカウンセリング関係を構築するにあたり必要不可欠な要素である（渡辺，

2002）とされており，先に述べた態度，そしてクライエントについて理解したことは，カウンセラーが頭の中で理解したと思っているだけでなく，クライエントにそのことが伝わって初めて意味があるとされています。

カウンセラーの支持と肯定的なフィードバック

クライエントに問いかけ，クラインエントの語る内容を理解し，わかったことを相手にフィードバックしていく，このようなやりとりを繰り返すうちに，次第にクライエントもカウンセラーも緊張感や構えがとれてきます。

また，対話において，クライエントは目の前のカウンセラーに自分の内面のどこまでを話すか慎重に見極めています。クライエントがこのカウンセラーは自分のことをわかってくれる，信頼できる人だと感じるのは，自分の発言をカウンセラーが「承認」（支持）をしてくれているということを感じることによります。「そのような大変な状況の中で，これまでよく頑張ってこられましたね。」「そのように思われたのは無理のないことですね。」などがその例です。これらの発言は，カウンセラーの「自己開示」（＝カウンセラー個人の考えや意見を伝えること）です。

國分（1979）は，カウンセラーが自己開示して心のこもった支持を表明するには支持の根拠を持つことが必要であると強調しています。支持の根拠となるものは，カウンセラーのこれまでの体験やキャリア発達理論や心理学理論などが考えられます。カウンセラーの支持が上べだけの取り繕ったものであれば，表面的で空々しい応答となり，クライエントとの心の交流とは程遠いものとなります。ましてや，支持とは正反対の感情がカウンセラーの心の中にあるにも関わらず口先では支持を表明するとしたら，それは欺瞞的といえるでしょう。

3　ステップ（3）　クライエントの問題を把握

来談するクライエントの心情

クライエントがなぜこのカウンセリングを必要としたのか，何に困っているのか，このカウンセリングに何を期待しているのかをとらえていく段階です。

クライエントは，何らかの目的を持って来談しています。キャリアカウンセリングの場合，その目的とは，クライエントが抱えるキャリアに関する何らかの悩みや問題を解決したい，解決するための糸口を掴みたいといったことになります。

キャリアカウンセリングの予約の段階で伝えられる相談内容が，たとえあまり切迫感が感じられないような内容であったとしても，内面では，自分の進むべき方向を見出したいが，見出せず立ち止まってしまっている状態にあることや，焦燥感や鬱屈とした気持ちを抱えている場合が多くみられます。したがって，「何となく」来談しているというケースはほぼないといってよいでしょう。予約時は，漠然とした相談内容を伝えていたとしても，実は切羽詰った気持ちを抱え，内面では「藁をも掴むような」心情で来談しているということをカウンセラーは心しておく必要があります。

クライエントの問題の核心とは

自分の希望や目標に向かって進んでいきたいが，そのための一歩を踏み出せずにいる，その問題の核心は何なのか？　もちろん，前に進んでいくための方法や知識や情報を持ち合わせていないからという理由もあると思います。しかし，その問題の本質は，例えばクライエントの内面にある不安，葛藤，自信喪失……そのようなものがクライエントの前進を阻んでいる可能性が往々にしてあります。

ところが，問題の原因が自分の中にある不安や葛藤，自信喪失であることに，クライエント自身が気づいていないことがしばしばあります。

例えば，「転職をしたい」という女性のクライエントが，「現在の求人状況を知りたい。自分の転職先の方向性について相談したい。」というふうに予約の段階では漠然とした相談内容を伝えてきたとします。しかし，実は，「自分は転職回数が多く，職歴が非常に多い。転職する際は不利になるだろう。どうしたらよいだろうか？　転職は無理だろうか？」という転職への不安が背景にあることがあります。このような場合，彼女の不安の原因は，自分に対するネガティブな認知であることも多いのです。

過去の転職回数や職歴は，変えることができません。彼女は，応募先の面接官に「転職回数が多いですね。」と言われたら，為すすべもないと思ってしまうのです。「自分は転職に際して，決定的な弱点を持っている。それは過去のことなので今更変えることはできない。でも，今の自分から脱出して思い描く未来に向かって進んでいきたい。では，どうしたらよいだろうか？」と彼女は考えますが，「このような問題は自分だけで考えていてもぐるぐると堂々巡りするだけだ。専門家の助けを借りるしかない。」と思い立って来談するのです。クライエントは，絶望と希望との間を行ったり来たりしています。

このように，クライエントの抱える問題の核心とは，問題の原因であり，そこには自分の内面の不安や葛藤，自信喪失の感情が存在していることが多分にあります。しかし，それについてカウンセリングが開始してすぐにクライエントの口から語られるとは限りません。クライエントは自分の内面の感情・思いを初対面のこのカウンセラーに話してよいものかどうか逡巡し，目の前のカウンセラーが信頼できる人かどうかを見極めているのです。このことから，「クライエントの問題を把握する」というこのステップで，前提となる最も大切なことは，自分の内面を話してくれる土台となる，カウンセラーとクライエントの信頼関係の構築であるということになります。

問題解決に知的に集中し過ぎない

カウンセラーがクライエントに質問をすることにより，その質問に対するクライエントの応答によってカウンセラーの仮説が検証され，質問と応答を繰り返すことでクライエントの問題の核心へと迫っていく――このようにカウンセリングの対話は進んでいくといわれています。しかし，対話の目的が，仮説の検証におかれ「知的にクライエントの問題を解決しようとする」ことに集中し過ぎてしまうと，これもまた，クライエントとの心の交流の形成からは程遠いものとなってしまいます。

カウンセラーのクライエントへの興味と理解（クライエントの人となり，これまでの職務経験の内容，得意なこと，仕事への取り組み方，キャリア指向，今後の希望など），そして，対話にクライエントへの肯定的なフィードバックが伴ってこそ，問題の核心に迫っていく態勢ができるのです。

カウンセラーとクライエントの「化学反応」

カウンセリングの対話とは，カウンセラーの一定のコントロール下でクライエントとの間で展開される「ライブ」であり，その対話は互いの「化学反応」の連鎖ともいえます。カウンセラーの一方的な質問からクライエントの問題が明らかになるのではなく，双方の対話の「化学反応」より問題は解けていくものといえるでしょう。

「化学反応」が起こると，まるでパズルが解けたような気づきの瞬間がカウンセラーとクライエントに訪れることになります。「化学反応」が起こるためには，クライエントの言わんとすること，つまりクライエントの話の要点・的をとらえて返すというカウンセラーの応答が不可欠になります。カウンセリングの技法でいう「繰り返し」ですが，それについて國分（1979, p.41）は，次のように述べています。

「この作業は，精神分析の解釈に劣らないほどの観察力・洞察力・感受性・分析力・知力を要するのである。決して『ふんわかムード』ではない。初心者の中にはニコニコ・ムードでことば尻だけを，おうむ返しする人もいるが，多くの場合は会話が堂々めぐりして深まらない。深まらないどころか，クライエントは心にふれてもらえないのでイライラする。」

カウンセラーの対話に最も問われるものは，知力をベースにした，クライエントの心を察することのできる「感性の質」ではないかと筆者は考えます。

それでは，どのようにしたら「感性の質」を身につけることができるのでしょうか？　所与としてのカウンセラーのパーソナリティも多分にあると思いますが，まず，クライエントの抱える「問題」そのものよりも，「クライエント自身」について興味が持てるのか，そもそも人に興味が持てるのか，人に好意を持てるのか，クライエントを援助したいと心から思うかどうか。次に述べる要素――マインドセットにかかわるところも大きいと思います。

援助のマインドセット

信頼関係をベースに対話を深め「化学反応」が起こることで，カウンセラーはクライエントの問題を理解し，またクライエントも自分の本当の問題に向き合うことができるようになります。この時，同時にカウンセラーは，クライエントの問題の核心だけでなく，その問題の解決に用いることができそうなクライエントの援助資源（援助に役立つ資源－例：クライエントの経験・スキル，得意なこと，興味・価値観，今後の希望など）にも目を向け，そのことを明らかにし，クライエントと共有しておくことも必要となります。

先ほどの，転職にあたって転職回数が多いことに不安を感じている女性のクライエントの例では，これまでの転職の理由について聴いていきます。派遣などの有期雇用なら派遣先のやむを得ない事情による契約終了という場合もあり，正社員の場合では転職したいと思ったクライエントの理由があるでしょう。転職回数は多いが，ずっと一貫して同じ分野を歩いてきている場合もあれば，大きなキャリア上の方向転換をした転職をしている場合もあります。いずれにしても，クライエントが何らかの理由で自己決定してきた結果なのです。転職はしても一筋の道を歩んできているならその実績を話し，あるいは，大きな方向転換をした転職ならば，その人ならではのストーリーがあるはずですから，そのいきさつを伝えるのです。「転職回数が多い私はどう思われるかしら？」と不安にとらわれるのではなく，「どんなことを思いながら，これまでどんなキャリアを積み重ねてきた私なのか」つまり，転職回数を重ねてきたという事実そのものよりも，そこにある自分自身のストーリー（軌跡）をクライエントが言葉にして相手に伝わるように表現できることが大事です。そのためには，カウンセラーには，クライエントの人となりやストーリーを理解し，その援助資源を発見しクライエントと共有する姿勢が求められます。

このような援助のマインドセット（姿勢・心の持ちよう――クライエントの人生とキャリアに興味を持って問いかけ，援助資源を探すことに心を砕こうとすること）の大切さを強調しておきたいと思います。たとえ，対話のテクニックを持ち合わせていたとしてもマインドセットがなければ，クライエントとの心の交流は形成し難く，真によいカウンセリングにはなり得ないからです。結果的にクライエントの問題を解くこともできません。援助のマインドセットは，カウンセラーにとって身につけるべき根本的な要素であると考えます。

4 ステップ（4） 問題解決のための具体策の検討

キャリアカウンセリングの援助の特徴

クライエントの抱える問題の核心が明らかになり，カウンセラーとクライエントで共有できたならば，このステップでは，2人でその解決策について話し合う段階となります。2人で協力関係を結び，一緒にクライエントの問題に取り組んでいくのです。カウンセラーは，クライエントが自分の問題を解決できるように様々な具体策をクライエントとともに検討し，本人が自分で行動に移していけるように援助していきます。

一部の臨床家からは，「カウンセリングとは，傾聴してクライエントの自己洞察を促すことによる援助であるから，カウンセラーはクライエントに助言はしないのがふつうである」という意見を伺うことがありますが，キャリアに関わる問題については，傾聴と自己洞察を促すだけでは解決できない問題が数多く存在しています。

キャリアカウンセリングに来談する大抵のクライエントは，カウンセラーの助言や情報提供にも期待して来談します。キャリアカウンセリングでは，次のような具体的な援助を行います。なお，以下の（1）～（4）の援助は，カウンセリングでは，一般的には「技法」に位置付けられています。各々についての留意点を述べます。

(1) 情報提供

情報をアップデートしておくこと

通常，キャリアカウンセリングにおいては，雇用・労働市場，職業，適性に関わる情報などのクライエントの問題解決に必要となる情報を提供することが求められます。実際場面では，クライエントが情報を持っていないために問題や悩みが発生していていることも多いのです。

例えば，人材派遣業界においてかつて囁かれた「35歳定年説」。日本の経済が低成長の時代に，「派遣社員は35歳を過ぎると仕事の紹介が減る」という噂が，当時の派遣社員の間では定説になっていたのです。ところが，近年は少子高齢化により労働市場・人材派遣市場は様変わりしています。多くの日本企業は人手不足に悩み，非正規雇用への需要もますます増し，今では人材派遣市場の「35歳定年説」は過去のものとなっており，企業は，年齢に関わらず，求める職務経験・スキルを持つ人材を広く求める傾向になってきています。もしも，派遣社員としての働き方を希望するクライエントがそのような情報を持っていなかったら，「35歳」というリミットを気にして派遣社員として働くことに過剰に不安になりながら毎日を過ごすことになってしまったかもしれません。

したがって，キャリアカウンセラーは，雇用・労働市場に関する情報および労働に関わる法律についての情報を常にアップデートし，クライエントに提供できるようにしておくこと，そして，それらの情報源について把握しておく必要があるのです。

求める情報の背景にある不安や懸念を推察する

例えば，クライエントから「正社員の職を入社して3か月で退職した場合，企業からは一般的にどのように評価されるのですか？」という質問がキャリアカウンセリングでは発せられることがありますが，「一般的にはどうなのですか？」といった一見すると一般論を聞いているような質問ですが，このような質問に一般論で回答して終了，ではカウンセリングの援助とはいえないと考えます。クライエントのその一般的な質問の背景に何があるのか？　どんな感情や思いがあるのか？　カウンセリングの技法の「明確化」です。カウンセラーの「察し」が求められます。

この例であれば，「新卒で入社して3か月で退職してしまったのだが，これから転職活動をするにあたって，そのことは不利になるのではないか？　面接で退職理由を聞かれたら何と答えたらよいか？　これからの転職活動が不安だ」というクライエントの心情が背景にあると推察できます。

あるいは，「自分の適性について知りたいのでカウンセリングを受けたい」という30代の場合。既に社会人経験のある30代で，自分の適性が知りたい，とはその言葉の背景にどんなクライエントの思いがあるのか？　ということについてカウンセラーはイメージを働かせなくてはなりません。

社会人経験のある30代にして自分の適性がわからないとは，その人の身にどんなことが起こったのだろうか？　自分の自信が打ち砕かれるような何か重大な出来事に遭遇したのではないか？　そのようなことをカウンセラーは推察します。このケースの場合，往々にして直近に何か仕事で失望や失敗を経験していたり，今後の仕事選択に迷うような出来事に直面した可能性があります。このように，クライエントの質問，あるいは求める情報の背景にどんな不安や懸念があるのかを考慮しながら応えていくことが必要です。

まとめると，キャリアカウンセラーには，雇用・労働市場，職業に関わる情報について，それらの情報の情報源を知り，なおかつ情報をアップデートし，一定の見識を持って，クライエントに提供することが求められます。そして，クライエントが求める情報の背景にある心情・心理状態を見逃さず推察することも大切であるということです。

しかし，キャリアカウンセラーは，全ての業界や職種，特定の資格情報までに精通することは現実的には難しいといえます。したがって，クライエントが予約の段階であまりにもニッチな情報，ある特定の領域に特化した情報を求めてきている場合は，期待値調整を要するということになります。

(2) 助言・指導

カウンセラーとクライエントの「作戦会議」

キャリアカウンセリングに来談する多くのクライエントは，身近な家族，友人，上司や同僚からは得られない専門的な助言を得たいという希望を持って来談します。カウンセラーは，自分の助言がクライエントの人生，キャリアに影響を与えるということを自覚しながら援助を行う必要があります。

問題の解決をする主体はあくまでクライエントですから，カウンセラーは，クライエントが自身の問題解決のための一歩を踏み出せるようになる，あるいは選択や意思決定ができるようになるための助言を行います。

カウンセラーの助言は，「～しなさい」というふうにクライエントに自分の意見を押し付けたり，指示・強制したりするものではありません。クライエントが自分なりの方策を考えられるようになるためのアイディアの提示や選択肢の一例などを助言します。それがヒントになって，クライエントが気づきを得たり，イメージを膨らませて，どんな具体策だったら自分が実行できそうかを考えられるようになるのです。

また，助言にあたっては，クライエントが既に行ってきた方法があれば聴き，その結果がどのようなものであったかも聴きながら，より効果的な具体策が設定できるように援助します。しかし，この際に注意すべきは，カウンセラーがクライエントについて知りたいことをくまなく質問し，最後に何か最もよい完璧な解決策を考えて，クライエントに提示しなければならないということではありません。あくまで２人で考え，話し合う「作戦会議」であることを忘れないようにすることが肝要です。カウンセラーとクライエントが知恵を出し合い，解決策を検討することによって，実行可能で現実的なよい具体策が生まれます。クライエントが語ったことに関係したところからカウンセラーが質問をしながら展開をはかっていく――そのような過程を通じて，まさに前述した「化学反応」がここでも起こるのです。

二者択一に悩むケースへの援助

キャリアカウンセリングに来談するクライエントの中には，AとBの二つの選択肢があり，Aを選ぶと困難な点があり，ではBを選んだらどうかというとそれも困難が発生するという問題を抱えて来談するケースがあります。どちらも一長一短で，どちらを選んでも困難が生じるので，選べないで立ち止まってしまっているという状態です。このような場合は，カウンセラーがどちらか一方の選択肢を勧める助言をすることはありません。クライエント自身の問題ですから，カウンセラーがクライエントに成り代わって選択や判断をするわけにはいきません。各々を選択した場合の想定されるメリットやデメリット，そのために必要とされる心構えや情報などをクライエントに助言し，本人が納得して意思決定できるように援助します。

あるいは，よくよく話を聴くと本当はAの選択肢を選びたいという気持ちが明らかになることもあります。しかし，Aの選択肢には難点があり，かといってBの選択肢はあまり気が進まないという場合です。その場合は，Aの選択肢の難点となっている部分について改善する方策を助言することもあります。選択肢Aのマイナーチェンジです。それによって，それまでAかBか選べず，動けなかったような状態から，改善策の助言を受けて一歩踏み出せるようになることも期待できます。このように，クライエントが選択できずに行き詰まった状態になっている場合は，AとBの他に何も見えなくなっていることがしばしばありますので，解決のためのアイディアをカウンセラーが提案することで事態が動くということもあります。

指導の前提となる条件とは

指導（スーパービジョン：supervision）とは，クライエントがある種のスキルを持っていないために問題が生じている場合に，必要なスキルを身につけるための援助をすることです。

例えば，職場で同僚との人間関係がうまくいかないという悩みを持つクライエントに，日常の同僚とのやりとりの仕方を聞き，改善点を実際にカウンセラーがその場で示すことで，よりよいコミュニケーション，人間関係を実現する方法を教えるということです。

また，求職活動を行うクライエントが，面接の場面で苦手だと訴える自己PRの仕方については，これまでの面接で本人が面接官に話してきた内容を聞いて，カウンセリングの中でクライエントから語られた内容（これまでの経歴や身につけてきたこと，仕事への姿勢，クライエントの持ち味がわかるエピソードなど）を踏まえて，より効果的な伝え方の例を教えることもあります。

また，クライエントの抱える問題が，本人の気づかない自身の非言語表現（表情，姿勢，話し方，ジェスチャーなど）が原因の一つになっている可能性が考えられる場合は，そのことを指摘して，改善を促すこともあります。

しかし，これらの指導は，あくまでクライエントとの信頼関係が十分に構築されており，クライエントが安心感を持って自由に発言できる状態にあり，クライエントの問題に２人で取り組むという関係が形成されていることが必須の前提条件となります。

助言・指導は，積極的な介入であり，時にはクライエントにとって耳の痛い内容を伝えなくてはならない局面もあります。ですから，この前提条件が満たされてこそのものであり，そうでなければ，この行為が逆効果を生んでしまうリスクもありますので，カウンセラーは心してこれらの技法を用いる必要があります。

(3) 心理アセスメント

キャリアカウンセリングで用いる心理検査

キャリアカウンセリングでは，クライエントが，「自分の適性がわからない」「仕事を選ぶにあたって自分にどんな適性があるか調べてほしい」など，抱えている悩みや問題の解決に，自分についての客観的な情報を求めて来談するケースがあります。この場合，クライエントが希望すれば心理検査を実施します。主に職業興味検査，性格類型検査，適性検査などを用います。一方で，知的能力を測定するような能力検査はあまり用いない傾向があります。

職業適性システム キャリア・インサイトの開発者である室山（2015）は，「職業興味」というファクターについて，以下のように述べています。

「どのような活動や仕事が好きか，という興味の側面は，能力に関する特徴とともに，職業選択の際に大事にしたい重要な条件である。“その職務を遂行することができる”という能力の側面は仕事をする上で大事な要素であるが，現時点では能力面からみて不足していたとしても，“その仕事が好きだ”とか“やりたい”という気持ちがあれば，能力を高めていくための努力をすることができる。たとえうまくできる仕事であっても，興味がなければ長期的にみて続けていくことが苦痛になる可能性もあるし，それ以上のスキルアップも難しくなるだろう。」

「職業興味」というファクターは，「能力」と並んで重要な適性の情報であり，キャリアカウンセリングにおいては，興味の特徴に関連した話題は，能力評価に関する話題よりもクライエントと相互に話しやすく，対話において相手も構えることが少ないため，職業興味検査は，カウンセリング場面で活用しやすいという利点があります。

大沢（1993）は，「適性」について，適性という概念は本来，アチーブメント（achievement）に対するアプティテュード（aptitude），すなわちそれぞれの個人が保有している潜在的な可能性を意味していると述べています。つまり適性とは，「現時点で為し得る力を持っているか」を意味するのではなく，「潜在的な可能性」を示す概念であるとしてます。さらに，大沢は，企業組織で働く人の適性を企業人の適応行動との関連においてとらえ，企業人適性として，三つの側面があると提唱しています。それは，職務適応，職場適応，自己適応であり，職務適応は，「仕事に対する能力（能力的適性）」，職場適応とは，「対人的能力（性格的適性）」，自己適応とは，「個人の本来の価値の実現，主体的な適合性（興味や価値意識）」を意味するとしています。職業興味というファクターは，この三つの側面でいうところの自己適応に相当する概念といえるでしょう。社会人の職業選択や求職活動においては，労働市場・求人市場からは能力的側面つまりその仕事をこなせるか，実務経験を兼ね備えているかが評価され，重要な点ではありますが，個人が自己適応，つまり満足してその仕事に適応できるかどうかは，能力的適性と性格的適性のみでは決まらないというわけです。

キャリアカウンセリングにおける心理アセスメントの特徴

キャリアカウンセリングで心理検査を用いる際は，心理検査の結果をクライエントにフィードバックする（検査結果を説明しながら返す）ことが大きな特徴になります。

その際の心理アセスメントの目的は，援助するカウンセラー側への支援（診断のための情報提供）よりも，援助の対象となるクライエント自身への支援，すなわち自己理解・自己洞察を促す役割に比重が置かれたものになります。

したがって，心理アセスメントがクライエントにとって有効に役立つかどうかは，心理検査をフィードバックするカウンセラーの手腕がとても重要になります。

なお，キャリアカウンセリングで用いられる心理検査は，質問紙法の心理検査が主体であり，投影法の心理検査が用いられることはあまりありません。それは，クライエントはカウンセラーからフィードバックされた心理検査の結果を自身が吟味しますので，検査結果が解釈しやすいことが前提条件になるからです。また，キャリアカウンセリングにおいては，クライエントの深層心理を深く詳細に掘り下げることが必ずしも必要とされない場合が多いからです。

心理検査の意義

キャリアカウンセリングで用いられる心理検査の意義は，客観的・科学的データをもとにクライエントが自己理解を深め，自分の特徴や指向性を再確認するためということになります。

心理検査の結果は，自分が思ってもみなかった隠れた才能が明らかになるなど何か劇的な発見がもたらされるものではありません。各個人がなんとなく抱いていた自分に対する見方やイメージを心理検査という客観的なデータによってあらためて確認できたり，納得できたりするものであり，自分への確信が持てたり，安心感が得られるものといったほうがよいでしょう。

心理検査の効用

カウンセリング場面においては，カウンセラーがクライエントに心理検査の解釈を伝え，それに対するクライエントの反応を聴くことで，クライエントの本音や内面が語られ出します。そのことによって，クライエントのパーソナリティの特徴や指向性などについて双方で理解を深めることができます。具体的には，以下のような効用があります。

①自己理解を深める

キャリアカウンセリングにおいてクライエントが「自分に向いている仕事はどのようなものでしょうか？」などと自分の適性について客観的な情報を求め，心理検査の実施を希望している場合には，職業興味検査を用いて，クライエントの興味の方向性や指向性を客観的に確認します。検査結果をクライエントにフィードバックし，双方で話し合うことで，クライエントが自己理解を深めることを援けることができます。

②問題の背景を分析する

職場不適応のケースでは，その背景になっている要因の一つとしてパーソナリティ特徴があげられることがあります。心理検査結果に表れたパーソナリティの特徴から職場や職務とのミスマッチの要因を推察することが可能である場合があります。客観的テータはクライエントにとっても内省しやすく，ミスマッチとなった要因を自身も客観的に分析することができ，自己洞察を深めることに役立ちます。

③自己を客観化できる

クライエントが自分の身の上に起こった出来事や抱える問題により，ネガティブな感情に支配された状態である時に，自身の心理検査の結果を眺めることで，自分自身の特徴などを客観的・分析的にとらえ直せるようになります。そのことにより，「感情」から「思考」に心理的なモード・チェンジがはかられるようになることがあります。しかし，このモード・チェンジは，カウンセラーの心理検査の効果的なフィードバックがあってこそ実現するものです。この例を第Ⅲ部の事例編 CASE 2 に紹介しましたのでご参照ください。

以上はいずれにしても，心理検査の結果をクライエントとカウンセラーで眺め，解釈し，検査結果を介して対話が深まることによる効用といえます。また，そのことによりカウンセリングのプロセスがさらに次の段階へと進展していくという効果も得られます。

心理検査のフィードバックの仕方ついては，図 2－2 の「キャリアカウンセリングにおける心理検査の実施～フィードバックの手順」に記載しました。

心理検査を用いる際の注意点

カウンセリングにおいて心理検査を活用する際のカウンセラーが心しておくべき注意点について以下にあげておきます。

1．心理検査の結果を絶対視しない

心理検査結果を固定的に厳密に受けとめ過ぎない（こうだと決めつけない）ことです。心理検査は，科学的なツールではありますが，誤差や限界があります。また，一つの心理検査が人間の全人格を測れるものではなく，パーソナリティの一部分を測っているものに過ぎないということを踏まえ，あくまで参考データとして活用するという心構えが大切です。

例えば，職業興味検査の結果で，クライエントが希望している職業のタイプではない結果が出た場合，その職業には向いていないから諦めた方がよいなどと直ちに決めつけてしまうことは避けるべきです。このような場合は，クライエントがその希望の職業をどのようにとらえているかを確認したり，クライエ

ントの希望する職業に実際に就いている人は必ずしも一つの決まったタイプの人しか存在しないわけではなく，様々なタイプ・個性の人がいる可能性があることを伝える必要があります。また，同じ職業でも活動するフィールドによってそこで従事する人のタイプは少しづつ異なるということがあります（カウンセラーという職業もどのようなフィールドで活動するかによってそのタイプは

事前にその心理検査の目的を伝えクライエントの了承を得る

何を測る検査か伝え了承を得て実施。カウンセラーの単なる興味から実施を勧めない。実施する心理検査の理論，尺度・得点の意味，解釈のしかたを熟知し，品質も確認しておく。

↓

心理検査の結果からクライエントの特徴を考察

解釈の手引きを参考に，クライエントの特徴を考察する。

↓

クライエントに仮の解釈を伝え，感想を聞く

クライエントの特徴について仮説をたて，クライエントの心理的な状態に注意を払いつつ検査結果をフィードバック。解釈を伝え，解釈に対するクライエントの感想を話してもらう。クライエントの語りは，自己洞察を含めた自分の内面を話すチャンスとなり，カタルシスが起こる。相互のやりとりにより，クライエントの自己理解，カウンセラーとの相互理解が深まる。

↓

話し合ったことをまとめる

クライエントが消化不良にならないように，疑問点や質問，不安に思ったことなどを聞く。クライエントが納得できるまで話し合う。

図2−2　キャリアカウンセリングにおける心理検査の実施〜フィードバックの手順

異なるようです。ちなみに，VPI 職業興味検査では，職業相談員，カウンセラー，リハビリテーション・カウンセラーでは共通項はあるもののそれぞれ少しずつ異なるタイプが示されています)。

2. クライエントが心理検査の結果によってネガティブな影響を受けないようにする

心理検査の結果をカウンセラーからフィードバックされたクライエントが，心理的にネガティブな影響を受けることは避けなければなりません。例えば検査結果を絶対視し過ぎたり，固定的に結果を受けとめ過ぎてしまい心理的に落ち込んでしまうなどです。

これらの注意点は，心理検査をキャリアカウンセリングで活用する際の前提となるスタンスともいえます。

(4) リファー

キャリアカウンセリングに来談したクライエントが，身体的あるいは精神的な症状を有していることがわかり，キャリア上の問題の解決のためには，まずその症状の治療を優先したほうがよい場合・早期に受診が必要と判断された場合には，然るべき医療機関を紹介します。

クライエントの問題が法律に関係する場合は，法律相談が可能な機関を紹介します。また，クライエントが求職中で具体的な仕事の紹介を求めている場合は，公的な職業紹介機関や民間の職業紹介会社・人材派遣会社などの情報を提供します。

いずれにしても，目の前のクライエントに何が必要かを判断し，カウンセラー自身の守備範囲を超える場合は，該当する専門機関にリファー（依頼）をすることが職業倫理上必要となります。カウンセラーは，自分のできることとできないこと（限界）を知った上でクライエントの援助に臨むことが大切です。

5 ステップ（5） 終結

キャリアカウンセリングの終結のしかた

キャリアカウンセリングの終結とは，クライエントがどのような状態になったときに為されるのかということですが，例えば，就職支援機関（職業紹介機関など）では，求職活動中のクライエントが，「仕事に就く」という最終的なゴールを目標とし，そのゴールが達成できたタイミングを終結とする場合もあります。しかし，職業生活上の様々な悩みへの援助を行うキャリアカウンセリングの場合には，クライエントが「自分の問題を解決するための道筋が見えてきた」ところでいったん終結とすることが多いため，60分の初回面接の中で，終結まで進むことも少なくありません。したがって，臨床領域のカウンセリングのように，長期間にわたり同一のクライエントの援助に関わるというケースは，多くないのが現状であるといえます。企業組織などで行われるキャリアカウンセリングの場合は，問題が発生した都度にクライエントが再度来談し，カウンセラーとクライエントがその問題の解決について話し合うという形式が主流であり，それが特徴であるといえます。カウンセラーは，「困ったことがあったら，またいつでも来談してください。」とクライエントに伝えます。

もっとも，初回のカウンセリング終了時に，クライエントが「具体策を行動に移してみて，よい結果がでなかったらどうしよう」などと不安が強い場合には，あらかじめ次回の予約を取り，継続面接となる場合もあります。また，心理アセスメントを実施する場合は，初回は心理検査の実施とその検査結果のフィードバックを行い，次回にその結果をもとにさらに具体的に話し合うこともあります。このように必要に応じて柔軟に継続面接を設定することになりますので，面接１回での終結が必須というわけではありません。

終結のサイン

これまで述べてきたキャリアカウンセリングのステップを経て，クライエントが，「これから取り組むべき解決策を早速実行に移してみたい。」「これからは，自分の力で行動していくことができそうです。」「自分の進むべき方向が見えたので，これで自分なりにやってみようと思う。」などの前向きな意志をカウンセラーに語ったり，あるいはカウンセリング直後のアンケートに前向きな決意について記述したりした場合は，このキャリアカウンセリングは一応の成功をみたのではないかと考えられます。

自信喪失や不安から自分を立て直すことができ，自己肯定感が生まれ，「今の自分でもいいんだ。これから自分なりにやってみよう。」とクライエントが前を向けるようになった時が終結のサインであり，そのタイミングといってよいと思います。クライエントの内にある自立の力が着火されたことによって，これまで以上の力が発揮されることであろうと，カウンセラーは，クライエントの持てる力と可能性を信じて終結します。

しかし，決めた解決策を実行に移したが，うまくいかなかった，思うような成果が得られなかったなど，クライエントが軌道修正する必要が生じるケースもあります。その場合は，クライエントが再度来談し，ステップ（3）から再びカウンセリングをスタートさせるということもあります。

終結の際に必ずやるべきこと

キャリアカウンセリングの終結の際に，カウンセラーがやるべきことは，これまでクライエントと話し合ってきたことを２人で振り返ることです。

私は，終了する前に「今までお話してきましたが，いかがでしたか？」と必ずクライエントの感想を聞くようにしています。そこで，たいていのクライエントは，自身の今の気持ちを素直に語ってくれることが多いのです。「今日，来てよかったです。」「すっきりしました。」「気持ちがラクになりました。」などの言葉が即座に聞かれれば，概ねクライエントが期待していた援助が得られた，満足であるという気持ちの表れであると考えられます。しかし，そこで直ぐに言葉が出ず，考えこんでいる様子が見られた場合は，今日のカウンセリングは，クライエントが求めている援助に至らなかったか，これから問題の解決に向けて行動していくイメージが未だ持てにくい状態であるか，あるいは，予想外に自分自身の内面の問題と向きあう結果になってしまい，整理しきれていない状態にあるなどが考えられます。

終了の際には，クライエントの非言語表現にもよく注目する必要があります。カウンセリングに満足している様子のクライエントは，非言語表現では特に「目の力」に変化が現れると感じています。目に力が込められているか，表情が輝いているか，よい笑顔が見られるか，このような変化は，カウンセリングによってクライエントの気持ちによい変化がもたらされたサインであると考えられます。このようなサインが終了時に見られた場合は，このカウンセリングはクライエントにとって有意義なものであったということがわかります。

自己評価・内省し，面接記録票を作成

カウンセラーは，面接終了後，自らのカウンセリングの一連のプロセスを振り返り，自己評価をします。相談機関によっては，面接終了直後にクライエントに，受けたカウンセリングについて満足感や感想を聞くアンケートを実施しているところもあります。

このアンケート結果は，クライエントからの評価であり，カウンセリング効果の検証データ（evidence）であるといえます。カウンセラーはこのアンケート結果に一喜一憂するのではなく，結果を真摯に受けとめ，自らのクライエントへの関わりや援助を内省します。そして，その結果を踏まえながら面接記録票を作成します。面接記録票は，次回および今後の自身のカウンセリングに活かしていくことになります。

2. カウンセリング・プロセスのモデル

コーヒーカップ方式

これまで，キャリアカウンセリングの具体的展開の各ステップについて，そのポイントとなる事項およびカウンセラーが留意すべきことを述べてきました。ここでカウンセリングのプロセス全体を俯瞰し理解するために，参考とな

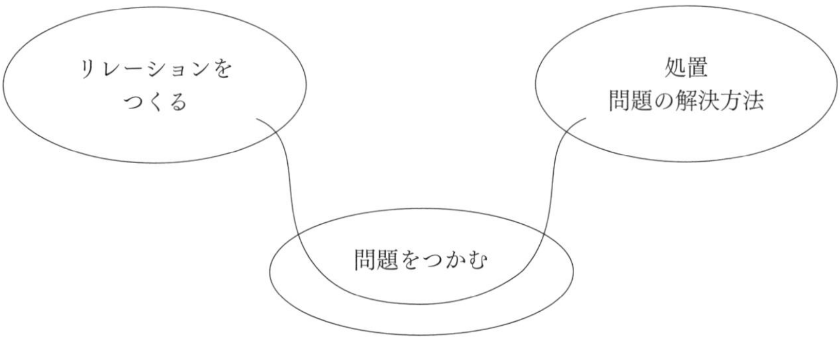

図２−３　カウンセリング面接の流れ（國分，1996, p.127）

る一つのモデルを紹介します。國分（1996）はカウンセリングの流れをコーヒーカップのかたちに例え，「コーヒーカップ方式」というモデルを提唱しています（図２−３)。

このコーヒーカップ方式は，カウンセリングに強調されがちな傾聴だけにとどまらず，問題の把握からその後の問題解決のための具体策・処方箋までふれていますので，キャリアカウンセリングのプロセスに即した現実的なモデルであるといえます。そして，非常に構成が「シンプル」であることから，カウンセリングの初学者にも理解しやすいモデルとなっています。

國分は，コーヒーカップ方式とは，面接の流れがコーヒーカップの形に似ているところから命名しており，他者への援助を意図している面接はどれも三本柱を有しているとしています。その三本柱について，これまで述べてきた各時期のカウンセラーのとるべき行動を併記し，表２−１に整理しました。

これまで（1）～（5）のステップで述べきた留意点やカウンセラーのとるべき行動から，各ステップにはそれぞれ乗り越えなければならない課題があり，それらの課題を乗り越えるプロセスがカウンセリングのプロセスであるといえます。

國分は，面接中期（面接の天王山）は，クライエントの本音に迫る時期で，カウンセラーの知力，分析力，ときには打って出る能力（対決：confronta-

表 2−1　コーヒーカップ方式の三本柱　　國分（1996）をもとに筆者作成

1. リレーションシップづくり（面接初期）

事前準備〈クライエントの情報把握，期待値調整，心身のコンディション調整〉

信頼関係を構築する時期〈話しやすい雰囲気づくり，非言語表現，許容的・裁かない態度，質問，繰り返し，明確化，肯定的フィードバック〉

2. 問題の把握（面接中期／面接の天王山）

問題の核心をつかむ／クライエントの問題・目標をつかむ時期〈クライエントへの興味・理解，援助のマインドセット，肯定的フィードバック，繰り返し，援助資源を探す〉

3. 処置（面接後期）

問題を解決する時期〈情報提供，助言・指導，心理アセスメント，リファー〉

tion）が必要になるとしています。

私の経験では，面接の中期の問題の把握が成功するケースは，面接初期のクライエントとの信頼関係の構築に成功した場合，つまり２人で考えるという土台・共同関係ができている場合が多いと感じています。「始めよければ終わりよし」という諺がありますが，まさに面接初期のカウンセラーの態度・姿勢や言語・非言語コミュニケーションがカウンセリングの結果を左右することにもなるといえましょう。

3. 働く人を支援するキャリアカウンセラーに求められる要件

キャリアカウンセリングの援助の二つの方向性

渡辺（1990）は「一般には，キャリア・カウンセリングは最もむずかしいカウンセリングであると言われる。それはカウンセラーは，面接技術だけでは不充分であり，さまざまな情報，現実界の様子を知る必要があり，さらに多くの場合，問題解決までの期間が決められているからである。」と述べています。

キャリアカウンセリングには，クライエントが自己理解や自己洞察を深め，自らを立て直し，自身の問題に立ち向かっていけるようになるための心理的援助と，解決に向けて選択・意思決定する，あるいは具体的な行動をとるための適切な情報提供や助言・指導という二つの方向からの援助が求められるのです。

キャリアカウンセラーに求められる要件

働く人への支援にあたっては，カウンセリングの土台となる学問体系や理論，そして援助に必要な種々の情報や見識など学際的なものも含め幅広い知識の習得が求められます。キャリアカウンセリングを実践するうえで，筆者が特に留意している要件について，表2－2にまとめました。

産業領域において，キャリアカウンセラーとして携わる場合は，産業組織で長く働いた経験や人事・教育分野での管理職経験を保持しているだけで有効な活動ができるわけではありません。もちろん，組織に身をおき，仕事の現場で様々な出来事をくぐり抜けた経験を持っていることは，クライエントへの共感の引出しとなりますし，その経験で培われた様々な知見や勘がクライエントの抱える問題への適切なアプローチに繋がるというアドバンテージにもなります。それらがキャリアカウンセラーとしての「奥行き」を増すことにもなろうかと思います。しかし，適切な援助を行うためには，必要な学問体系を身につけることは大前提の事項になります。

また一方で，産業組織で働いた経験（社会人経験）がなくともキャリアカウンセラー資格やその他の心理学系の認定資格さえ取得できれば，直ちに有効な援助が行えるというわけでもありません。そうなるためには，一つひとつのカウンセリング経験を丁寧に積み重ねながら，クライエントから教えてもらいながら，能力を磨き身につけていくことが大切となるでしょう。

また，カウンセラーが扱う問題については，クライエントの抱える問題を「軽い」「重い」と気軽に表現し，キャリアカウンセリングは臨床領域のカウンセリングよりも軽い問題が多い，難しい問題は少ない，臨床領域の問題は重いので，そのカウンセリングのほうが高度である，などととらえることは間違っ

表 2−2　働く人を支援するキャリアカウンセリング実践のための 10 の要件

①〈キャリア支援に必要な理論・技法・基礎知識〉
カウンセリング心理学，学習心理学，性格心理学，キャリア発達・キャリア行動に関わる理論，カウンセリング理論・技法，職業心理学，産業組織心理学，集団力学，およびキャリアガイダンス，適性，メンタルヘルスに関わる知識を持ち活用できる
②〈雇用・労働市場，求人市場の情報・知識〉
雇用・労働市場の情報とその動向，HRM（Human Resource Management），人事賃金制度，職業能力開発に関する知識，求職活動の支援に関わる知識・情報を持ち活用できる
③〈働く人を支援するうえで知っておくべき法令・制度〉
労働安全衛生法（メンタルヘルス指針を含む），労働契約法，労働基準法，職業安定法，労働者派遣法，職業能力開発促進法，男女雇用機会均等法，障害者雇用促進法，高年齢者雇用安定法，育児・介護休業法および年金や社会保険について理解している
④〈特別な配慮を必要とする人々への支援〉
障碍者，若者，中高年，再就職希望の女性などへの支援ができる
⑤〈心理アセスメントに関する知識〉
心理検査の信頼性・妥当性・標準性への理解，心理検査の実施〜正しい解釈とフィードバックができる，心理検査の選択，活用方法などへの知識を持ち，実践できる
⑥〈IT 技術の活用〉
コンピューターと周辺機器の理解・活用，インターネットを利用した情報検索，コンピューターによるキャリア・ガイダンス支援のスキルを持ち，実践できる
⑦〈プログラムの開発・実践と評価〉
キャリア支援のための研修や教育訓練プログラムの立案，実践および評価ができる
⑧〈コンサルテーション〉
関係する専門家（経営者，人事担当部門，ライン管理者など）への助言・指導ができ，環境調整への支援ができる
⑨〈倫理的・法的問題への理解〉
カウンセラーの倫理綱領を遵守し，法律に従って行動できる
⑩〈リサーチと評価〉
キャリアカウンセラーとしての実践活動の評価，調査・研究を行うことができる

ています。そして，臨床領域の問題は，本人の力の及ばない問題を扱うからカウンセラーの援助が必要になるが，キャリアに纏わる問題は，本人が考えられる問題であり，専門家が援助するまでの問題ではないと考える見方も，カウンセリング，キャリアカウンセリングに対しての適切な理解ではありません。キャリアカウンセリングは，クライエントの職業人生に大きな影響を与え得る関わり・援助であり，そのことを肝に命じて取り組む必要があるのです。

キャリアカウンセラーへの新たなニーズ

2002年に厚生労働省が開始したキャリアコンサルタントの養成は，2016年には国家資格化し，世の中においては，キャリアコンサルタントを志向し，資格取得を目指す人口も増加してきています。

キャリアコンサルティングの定義を表2−3に示しましたが，2000年代に入り，我が国の雇用政策の一環として広く行われるようになった，主に学校教育，就職支援，企業の能力開発の分野で行われるキャリア・ガイダンスを指しています。キャリアカウンセリングは，キャリア・ガイダンスのプログラムの中の中核的な援助過程とされています。なお，渡辺（1990）は，キャリア・

表2−3　キャリアコンサルティングの定義　（厚生労働省，2001）

労働者が，その適性や職業経験等に応じて自ら職業生活設計を行い，これに即した職業選択や職業訓練の受講等の職業能力開発を効果的に行うことができるよう，労働者の希望に応じて実施される相談をいう。

表2−4　キャリア・ガイダンスとは　（渡辺，1990，p.121）

個人が自己理解を深め，労働界や教育界のさまざまな可能性や余暇活動などへの知識も拡げ，自分なりの生活設計をするのに必要な意志決定能力を身につけていくのを援助する活動である。英米をはじめカウンセラーが専門職として確立している国々では，キャリア・ガイダンスこそカウンセラーの重要な任務になっている。これに含まれる具体的な活動には，カウンセリング面接，心理検査の実施，種々の情報提供などの古典的なものの他に，自己啓発プログラムや退職準備プログラムなどの設定・運営も入る。

ガイダンスについて表2−4のように説明しています。

企業組織においては，近年，人事・教育部門で従業員を対象にしたキャリア支援策としてキャリアコンサルティングの展開がみられ，この変化の激しい時代において，働く人と組織の双方に寄与できる施策として，キャリアコンサルティングは今後ますますニーズが高まっていくと考えられています。

キャリアコンサルサントに求められる能力要件については，「キャリア・コンサルティング実施のために必要な能力体系」（厚生労働省）に，より詳細に能力要件が示されていますので，そちらも参考にしてください。

キャリアコンサルティングに携わるキャリアカウンセラー（キャリアコンサルタント）には，カウンセリング面接による個人への援助だけでなく，キャリア・ガイダンス，経営への提言や人事・教育部門との協働の役割などが今後はさらに求められることと思われます。先にあげた要件の中で，②雇用・労働市場，求人市場の情報・知識や，③働く人を支援する上で知っておくべき法令への知識をより高め，⑦プログラムの開発・実践と評価，⑧コンサルテーションの技量を高め，個人・組織に貢献できる役割を果たすことが期待されています。

また，働き方改革の文脈では，特に，未就業の若者，シニア世代，子育てを終えた再就職希望の女性などへのキャリア支援のニーズも高まっています。花田（2019）は，現代は「キャリア自律の時代，長いライフキャリア・生涯現役の時代，変化が激しく，仕事・職業が変化する時代」であるとして，キャリア支援の重要性を指摘しています。それらの支援に，キャリアカウンセラーは貢献できる資源を持っているといえます。このような社会の新たなニーズに応えらえるように，キャリアカウンセラーにはさらなる自己研鑽が求められていくことでしょう。

II

キャリアカウンセリングに必要な職場のメンタルヘルスの基礎知識

廣　尚典

CHAPTER 3 メンタルヘルスの基礎知識

1. キャリアカウンセリングにおけるメンタルヘルスの知識の必要性

キャリアカウンセリングは，程度の差はあれ，現在あるいはこれからの職業生活について，悩みや不安を抱えている人を対象としています。その人たち（クライエント）に対して適切な支援を行うためには，職場の健康管理，特にメンタルヘルスやストレスの現状や対策に関して，一定水準の知識を持つことが不可欠です。それは，以下の理由によります。

まず，クライエントは，来談する時点でメンタルヘルス面に問題を抱えている可能性があります。

メンタルヘルス不調（表3－1）に陥ると，健常時と比べ，思考力，判断力などが減弱することが多く，能力や適性などの自己評価にも影響が出やすくなります。ものの考え方に偏りが生じたり，将来の展望について悲観的になったりする場合もあります。そのような状態でカウンセリングを進めても，あまりよい結果が得られないのは明らかです。したがって，キャリアカウンセリングを開始するにあたっては，メンタルヘルス面が安定した状態にあることを評価することが求められます。

表3－1　メンタルヘルス不調の定義

精神および行動の障害に分類される精神障害や自殺のみならず，ストレスや強い悩み，不安など，労働者の心身の健康，社会生活および生活の質に影響を与える可能性のある精神的および行動上の問題を幅広く含むもの

「労働者の心の健康の保持増進のための指針」より

また，転職や異動は職場環境や仕事内容に大きな変化をもたらし，それによって強いストレスが生じる例が多い点もあげられます。たとえそれが望ましいと考えられるものであっても，それまでとは違ったストレスが生じます。結婚や新築の家への転居などがよい例です。メンタルヘルス面の安定しない状態でこうした経験をすると，ストレスによる健康問題を引き起こしてしまうかもしれません。過去にメンタルヘルス不調を繰り返している人では，その時点では異常がみられなくても，ストレスに対する脆弱性が高く，メンタルヘルス不調をきたしやすい可能性もあるでしょう。そのような例では，メンタルヘルス不調を回避するのを優先させた支援が望まれる場合があります。

さらに，キャリアカウンセリングの過程で，クライエントからストレスやメンタルヘルスに関する相談を受けるかもしれません。最近では，インターネット上に，それらについて数多くの情報を見ることができます。内容は玉石混淆であり，誤ったもの，誤解を与えるものも少なくありません。来談者がそのような情報をもとに，相談事を投げかけてきた際に，適切な助言，対応を行えることは極めて重要といえるでしょう。職場で行われている対策やその根拠となっている法律などを説明できるとキャリアカウンセリングの質も上がると考えられます。

2. 働く人の心身の健康を支える法体系など

1　労働安全衛生法

骨格と意義

労働者の健康管理に関する事柄，特に事業者（会社）が行うべき活動については，主として労働安全衛生法（以下，安衛法と略）およびその関係法令によって規定されています。安衛法は，1972 年に労働基準法から分離独立した法律で，具体的な事項は労働安全衛生規則（以下，安衛則と略）などに記されています。例えば，多くの労働者にとって身近な健康診断は，その実施が安衛法で，実施項目は安衛則で定められています。

安衛法の条文は，その大半で主語が「事業者」になっています。事業者が労働者の安全や健康を確保するために行わなければならない事項が列挙されているのです。

職場において労働者の健康を確保するための専門職として，産業医と衛生管理者の選任が規定されています。ともに，労働者数50人以上の事業場では，選任義務が生じます。産業医は医師の中で一定の研修を修了し選任資格を得た者，衛生管理者は国家資格の第1種あるいは第2種衛生管理者を取得した者から，選任する必要があります（どちらの資格者から選任するかは，事業場の業種によって決まります）。それぞれの役割も，安衛則で定められています。

職場において労働者の健康の保持増進活動を推進する根幹をなす法規として，キャリアコンサルタントは安衛法の概要を理解しておく必要があります。

労働衛生の3管理

安衛法では，労働者の健康問題，特に職業病や作業関連疾患（表3－2）の発生を防止するため，作業環境管理，作業管理，健康管理の3管理を重視しています。作業環境管理とは，作業環境の有害性（例えば，騒音，粉塵，化学物質）を評価し，必要に応じてその改善策を講じることをいいます。作業管理は，作業環境管理でコントロールしきれなかった有害因子に対して，作業のしかた，作業のローテーションや保護具（防塵マスク，防毒マスク，耳栓など）を使用することなどにより，労働者の曝露を軽減することをさします。この二つの管理を適切に行った上で労働者の健康状態を確認し，問題が生じていないかどうかをチェックします（健康管理）。その結果は，適宜作業環境管理，作業管理にフィードバックされる必要があります。また，この3管理を円滑に進めるためには，実作業に従事する労働者や職場の管理者（管理監督者）への教育（労働衛生教育）が重要となります。3管理と労働衛生教育が全体としてうまく機能しているかを管理することを総括管理と称し，3管理，労働衛生教育，総括管理を合わせて，労働衛生の5本柱と呼ぶこともあります（図3－1）。

表3−2　作業関連疾患

特定の職業（作業）に従事することにより罹る，もしくは罹る確率が非常に高くなる疾患である「職業病」とは異なり，疾患の発症，増悪に関与する数多くの要因の一つとして，作業（作業態様，作業環境，作業条件等）に関連した要因が考えられる疾患の総称。1976年の第29回WHO総会で提唱された概念。

・作業環境管理
・作業管理
・健康管理
（以上3つ：労働衛生の3管理）
・労働衛生教育
（以上すべて：総括管理）

図3−1　労働衛生の5本柱

この考え方は，物理化学的な有害因子に対してのみ適用されると思われがちですが，そうではありません。メンタルヘルス対策においても重要になります。

職場のメンタルヘルス対策の位置づけ

職場のメンタルヘルス対策は，通常安全衛生活動（産業保健活動）の一環として行われますから，この考え方が適用されます。作業環境管理や作業管理に該当する取り組みがまず行われなければなりません。メンタルヘルス対策では，職場のストレス因子を明らかにして改善を図る，あるいは個人の特性を考慮した適正配置を行うことなどが，それに該当します。物理化学的因子と異なり，心理社会的な事項に対する受け止め方は，個人によって大きな違いがありますし，メンタルヘルス不調の要因は，仕事関連以外のものも多いため，作業環境管理と作業管理を徹底しても，職場からメンタルヘルス不調を一掃できるわけではありません。しかし，事業者責任としてみた場合には，カウンセリングの類を推進する前に（あるいは，少なくとも同時並行で），職場のストレス対策の推進が求められるのです。

2 旧メンタルヘルス指針とメンタルヘルス指針

1990年頃から旧メンタルヘルス指針まで

1990年代に入って，労働者におけるメンタルヘルス不調の増加と多様化，仕事のストレスの増大が社会問題として注目されるようになってきました。そうした中で，2000年に「事業場における労働者の心の健康づくりのための指針」（以下，旧メンタルヘルス指針）が公表されました。本指針は，安衛法と直接関連づけられはしませんでしたが，職場におけるメンタルヘルス対策のあるべき全体像と，その進め方の原則を包括的に示した点で，大いに注目を集めました。旧メンタルヘルス指針の公表後実施された教育研修事業，メンタルヘルス推進モデル事業などを通じて，職場のメンタルヘルスとその重要性についての啓発は，全国的な広がりがみられました。

旧メンタルヘルス指針より前にも，厚生労働省（当時の労働省）は，職場のメンタルヘルス対策に関連して，1988年に労働者の健康の保持増進対策，1992年に快適な職場環境の形成という施策を行っていました。前者は，安衛法の第69条に事業者の努力義務と位置づけられました。具体的な内容については，第70条の2にしたがって，「事業場における労働者の健康保持増進のための指針」が公表されました。トータルヘルス・プロモーション・プラン（THP）という呼称もつけられました。メンタルヘルス面では，健康測定（健康診断とは異なり，生活習慣の歪みやストレスの高まりを評価するもの）の結果，必要と判断された者および本人が希望した者に対する相談対応が主な活動とされました。後者についても，同じく事業者の努力義務とされ，「事業者が講ずべき快適な職場環境の形成のための措置に関する指針」（快適職場指針）が，安衛法第71条の3に基づく形で公表されました。労働者が快適に仕事をできる高い水準の職場環境の実現を事業者に求めたものでした。休憩室および労働者が疲労やストレスについて相談できる相談室の設置・整備が盛り込まれました。これらは，一時的には注目され，大企業を中心として推進されもしましたが，景気の低迷などのあおりを受けて，中小企業を含めた多くの企業に浸透するまでには至りませんでした。

旧メンタルヘルス指針が示されてからも，メンタルヘルス不調を有する労働者の数ははっきりした減少がみられず，職場の安全衛生におけるメンタルヘルス対策はさらに重要なものと考えられるようになっていきました。

メンタルヘルス指針の特徴

2006年，「労働者の心の健康の保持増進のための指針」（以下，メンタルヘルス指針）が公表されました。基本的な考え方は旧メンタルヘルス指針を引き継ぎ，内容が一部充実して，労働安全衛生法第69条および第70条の2に関連づけられました。これによって，メンタルヘルス指針に沿った取り組みを行うことが，事業者の努力義務となりました。メンタルヘルス指針の要点を表3−3にまとめました。

メンタルヘルス指針では，事業者が率先してメンタルヘルス対策に取り組む旨を表明することが重視されています。活動の進め方としては，衛生委員会などを活用し，職場の実態を把握した上で，中長期的な計画を策定して，以下の4つのケアを関連づけながら，事業場全体で推進することを求めています。

①セルフケア：労働者が自らのストレスに適切に対処する取り組み（周囲への自発的な相談を含む）

表3−3　メンタルヘルス指針の要点

- 事業場全体で，計画的に行う
  - トップが率先して推進する
  - 衛生委員会等で調査審議する
- 各人（担当部署）の役割（行うべきこと）を明確にする
  - 4つのケア
  - そのための教育研修を充実させる
- 幅広い活動にする
  - 職場復帰支援，問題の早期発見・早期対応，職場のストレス軽減，セルフケア
- 要となる担当者をおく
  - 事業場内メンタルヘルス推進担当者
- 外部機関を有効に活用する

②ラインによるケア：管理監督者による職場環境の評価と改善，部下からの相談への適切な対応など
③事業場内産業保健スタッフ等によるケア：産業医およびそれに準じる医師，保健師･士，衛生管理者，衛生推進者（以上を「産業保健スタッフ」という），人事労務管理スタッフなどによる，それぞれの（専門的）立場からの活動
④事業場外資源によるケア：事業場外の専門家，専門機関を活用した活動

なお，2005年の安衛法の改正により，衛生委員会での調査審議事項に，「労働者の精神的健康の保持増進を図るための対策の樹立に関すること」が加えられています（表3−4）。

衛生委員会は，労働者の危険または健康障害を防止するための基本となるべき対策などについて調査審議をする場として，労働者数50人以上の事業場

表3−4　衛生委員会の調査審議事項（安衛則の規定による）

■労働者の健康障害を防止するための基本となるべき対策に関すること
■労働者の健康保持増進を図るための基本となるべき対策に関すること
■労働災害の原因及び再発防止対策で，衛生にかかるものに関すること
■その他労働者の健康障害の防止及び健康の保持増進に関する重要事項
・衛生に関する規定の作成に関すること
・法28条の2第1項の危険性・有害性等の調査及びその結果に基づいて講ずる措置のうち，衛生に係るものに関すること
・安全衛生に関する計画（衛生に係る部分に限る）の作成，実施，評価及び改善に関すること
・衛生教育の実施計画の作成に関すること
・法第57条の3第1項及び第57条の4第1項の規定により行なわれる有害性の調査並びにその結果に対する対策の樹立に関すること
・作業環境測定の結果及びその結果の評価に基づく対策の樹立に関すること
・健康診断の結果及び健康診断の結果に対する対策の樹立に関すること
・労働者の健康の保持増進を図るための実施計画の作成に関すること
・長時間労働による労働者の健康障害の防止を図るための対策の樹立に関すること
・労働者の精神的健康の保持増進を図るための対策の樹立に関すること
・労働基準監督官，労働衛生専門官等から勧告・指導等を受けた事項のうち労働者の健康障害防止に関すること

で，月１回の開催が義務づけられています。

また，これらの活動は，労働安全衛生マネジメントシステムの考え方を導入して進めることが推奨されています。労働安全衛生マネジメントシステムとは，安全衛生活動をPDCA（Plan－Do－Check－Act）サイクルを回す形で継続し，その水準を高めて実効性を上げていく取り組み方です。

活動の範囲に関しては，メンタルヘルス不調で休業した労働者の職場復帰支援（第三次予防），メンタルヘルス不調者の早期発見・早期対応（第二次予防），メンタルヘルス不調者の未然防止（第一次予防）と，幅広く行うべきであるとされています。

役割分担については，労働者，管理監督者，事業場内産業保健スタッフ，人事労務管理スタッフ，心の健康づくり専門スタッフ（精神科医，心療内科医，心理職など）が，自らの役割を認識し，連携を保ちながら活動を推進していくことが求められています。事業場内産業保健スタッフには，産業医およびそれに準じる医師，看護師，保健師，衛生管理者，衛生推進者が含まれます。「産業保健スタッフ等」と表現される場合には，それに人事労務管理スタッフが加わります。ここで，人事労務管理スタッフがあげられていることは，注目に値します。他の安全衛生活動と異なり，メンタルヘルス領域では，人事労務管理の影響が非常に大きいためです。その他，事業場内に活動推進の実務を行う事業場内メンタルヘルス推進担当者（いわゆる事務局役です）を選任すべきであるとも明示されています（表3－5）。

表3－5　事業場内メンタルヘルス推進担当者の役割と選任に適した職種

産業医等の助言，指導等を得ながら事業場のメンタルヘルスケアの推進の実務を担当する。 事業場内産業保健スタッフ等の中から選任するよう努めること。事業場内メンタルヘルス推進担当者としては，衛生管理者等や常勤の保健師等から選任することが望ましい。なお，事業場の実情によっては，人事労務管理スタッフから選任することも考えられる。

「労働者の心の健康の保持増進のための指針」をもとに筆者作成

教育研修および情報提供も重視されています。できるだけ現場の実態に即した内容にするため，可能であれば事業場内で教育担当者を育成することが望ましい旨も記されています。

3 過重労働対策

過労死・過労自殺と過重労働対策

労働時間の制限は労働基準法によって定められてきましたが，2005年の安衛法改正では，長時間労働者に対する医師による面接指導も義務づけられました。いわゆる過重労働による健康障害の防止を図る取り組みです。1980年代以降，長時間労働をはじめとする負荷の過重な労働が循環器疾患の発症に加え，精神健康面にも影響を及ぼすことが指摘され，社会の関心を集めてきました。過重労働を主因とする精神障害（うつ病など）によって，希死念慮が強まり，自殺に至った例に対して，「過労自殺」という表現が使われるようにもなりました。

過重労働対策では，まず時間外労働の削減，有給休暇の取得促進へ取り組みが求められます。それらを推進した上でどうしても一時的な「仕事の山」に対応せざるを得ない事態が起こり，長時間労働が生じた場合を想定して，その該当者に対して医師による面接指導の実施が規定されています。この面接指導では，脳・心臓疾患のリスクとともに，精神健康面の不調に関する評価が行われなければならず，必要に応じて，専門医の受診勧奨や就業上の措置もなされることになっています。過重労働対策については，「過重労働による健康障害防止のための総合対策」にまとめられ，事業者が行うべき活動は，それに添付された「過重労働による健康障害を防止するため事業者が講ずべき措置」に詳述されました。

なお，「過重労働」には，本来長時間労働だけでなく，質的に困難なもの，密度の濃いもの，強い緊張を強いられるものなども含められるべきであるとも考えられますが，現在のところ，それらを過重労働の評価指標として何らかの対策を講じるように事業者に命じる動きはありません。

過労死等防止対策推進法以降

2014年には，過労死等防止対策推進法が成立し，これを受けて翌年に「過労死等の防止のための対策に関する大綱」がまとめられました。同法の「過労死等」は，「業務における過重な負荷による脳血管疾患もしくは心臓疾患を原因とする死亡もしくは業務における強い心理的負荷による精神障害を原因とする自殺による死亡またはこれらの脳血管疾患もしくは心臓疾患もしくは精神障害」と定義されています。これによって，国は過労死等の防止のための対策を効果的に推進する責務を有することになり，事業者には国と地方自治体が実施する対策に協力する努力義務が課せられました。また，国と地方自治体は，調査研究の推進，啓発活動の展開，相談体制の整備および民間団体の活動に対する支援を行うよう規定されました。

さらに，2018年に制定された「働き方改革関連法」によって，過重労働対策も一部見直しがなされています。認められる残業時間の上限が明確となり，また厳しくもなりました。医師による面接指導の該当者の基準も変更されました。詳しくは後述します。

4　職場復帰支援

メンタルヘルス不調では，長い休職期間を要する例が少なくありません。また，治療により病状が軽減して職場復帰を果たしても，短期間（数か月から1年以内）のうちに，再燃・再発により再休職となってしまう割合が高いという実態もあります。厚生労働省から公表されている「心の健康問題により休業した労働者の職場復帰支援の手引き」（以下，復職支援手引きと略す）は，こうした実態を踏まえて，メンタルヘルス不調によって休職した労働者の職場復帰支援のあり方を具体的に示しています。

復職支援手引きは，メンタルヘルス指針と異なり，安衛法と関連づけられていないため，事業者がその内容を遵守する義務（あるいは努力義務）を負ってはいません。しかし，活動の参考になる有益な内容であるため，それに沿った取り組みを行っている事業場も少なくありません。

表3−6 「心の健康問題により休業した労働者の職場復帰支援の手引き」の要点

- 制度，システムを構築し，確実に運用する
  - 復職の手順，使用する書面（フォーマット），関係者の役割分担など
  - 日頃から事業場内に周知しておく
- 職場復帰を長尺でとらえる
  - 休業開始から復職後のフォローアップまでの5つのステップを踏む
- 職場で行うべき判断，対応を怠らない
  - 本人と職場の評価，復職の可否，復職後の業務上の措置（配慮・制限），受け入れ職場への支援を行う
- 主治医等との連携を重視する
  - 復職を認めるための要件，休業に関する制度などを伝達する
- 情報管理を適切に行う
  - 当該労働者の個人情報保護に留意する

復職支援手引きでは，職場復帰支援を，当該労働者が休業を開始してから職場復帰を果たし職場に再適応するまでの期間の活動とし，（第一ステップ）病気休業開始および休業中のケア，（第二ステップ）主治医による職場復帰可能の判断，（第三ステップ）職場復帰の可否の判断および職場復帰支援プランの作成，（第四ステップ）最終的な職場復帰の決定，（第五ステップ）職場復帰後のフォローアップの5つのステップに分けて整理しています。

復職支援手引きの要点を表3−6にまとめました。

復職支援の具体的な進め方については，あらためて後述します。

5 ストレスチェック制度

ストレスチェック制度の概要

2014年の安衛法の改正により，ストレスチェック制度の実施が義務化されました。

ストレスチェック制度は，ストレスチェック（条文では「労働者の心理的な負担の程度を把握するための検査」と表現されています）と，それによって高ストレス者と判断された者に対する面接指導およびその事後措置からなります。

ストレスチェック（質問紙）によって，高ストレス者を選定（面接も行い，その結果を参考にすることもできます）し，該当者のうち申出のあった者に対して，医師による面接指導を行います。面接指導の結果必要と判断された場合には，就業面の配慮などの措置を実施します。

ストレスチェック制度の要点

ストレスチェック制度の要点は，以下のように整理できます。全体の流れを，図3−2に示しました。

①メンタルヘルス不調の一次予防（未然防止）が第一義的な目的である

特定の精神障害を有する労働者を発見し，治療の勧奨を行うためのものではなく，個々の労働者に自らのストレス状態を振り返ってもらうこと，ストレスが高まっている労働者に対して，メンタルヘルス不調をきたさぬよう支援を行うことを主要な狙いとしています。健康障害の早期発見とそれへの対処を重要な目的としている健康診断とは異なります。

②個人結果は，本人の了承がない限り，事業者には知らされない

健康診断の結果と異なり，個人別結果は本人にのみ通知され，事業者は本人の了承がない限り，その内容を知ることができません。職場ごとの集団分析の

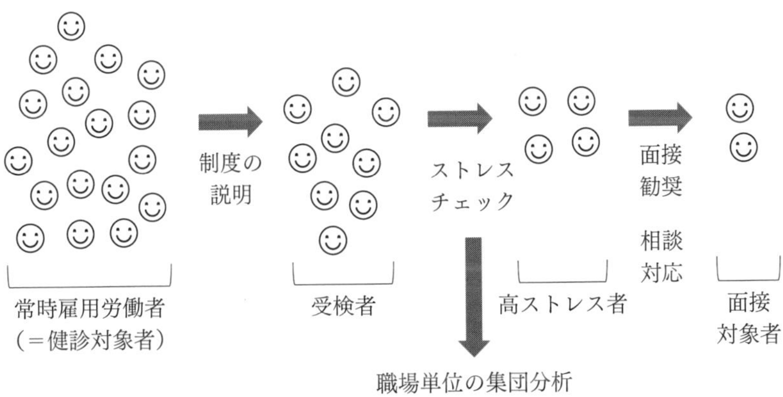

図3−2　ストレスチェック制度の流れ

結果は事業者が見てもよいことになっています。

③健康診断とは別枠で実施しなければならない

健康診断と同時期に行うことは可能ですが，混同されてはなりません。結果通知についても健康診断結果とは異なることがわかるようにする必要があります。

④労働者の受検は強要されない

対象となっている労働者（＝健康診断の対象者）全員の受検が望ましいとされていますが，強要されてはなりません。ストレスチェックを受けるか否かは，最終的には労働者個人の意思に委ねられます。事業者が受検の勧奨をすることはできますが，受検を拒否した労働者に不利益が生じる対応をするのは禁じられています。

⑤ストレスチェックの結果必要と判断された者（高ストレス者）に，事業者負担で医師による面接指導が実施される

本人が申し出た場合に実施され，事業者が強要はできません。また，面接指導の結果，必要に応じて専門機関への受診勧奨や就業面の配慮などの事後措置が行われることになります。

⑥ストレスチェックの結果は，労働者のセルフケアに加えて職場環境の改善に活かされる

職場単位の集団分析の結果をもとに，職場環境改善を行うことが，事業者の努力義務とされました。ただし，受検者が必ずしも労働者全員でないことから，職場環境改善を行うにあたっては，ストレスチェックの受検率を高めるとともに，改善計画を策定する際に職場環境に関する他の情報を併せて考慮すべきとされています。

⑦ストレスチェックの項目には，三つの要素が含まれている必要がある

仕事のストレス要因，ストレス反応および社会的支援（周囲からのサポート）の３領域に関する設問を含み，その有用性が科学的に実証されているものを用いることが求められています。うつ病のスクリーニングテストの類は，目的が異なる点からも適当ではありません。

厚生労働省は,「職業性ストレス簡易調査票」の利用を推奨しています。本調査票は，我が国で開発された質問票であり，簡単な57項目の質問で構成されています。無料で利用可能な結果解析ソフトも公開されており，それを用いれば，個人別のストレス状況をレーザーチャートの形で表せます。また，このうちの12項目の結果を「仕事のストレス判定図」（無料で提供されている）を利用して職場単位で集団分析すると，当該職場における仕事のストレスの程度を，全国平均と比較した健康リスクとして数値で表現できます。「職業性ストレス簡易調査票」には，23項目の短縮版も用意されており，それを使用しても構いません。

⑧実施者は，医師，保健師および一定の研修を受けた看護師，公認心理士，精神保健福祉士

実施者とは，ストレスチェックの企画および結果の評価に関与する者をさします。実施者は複数名でも構いませんが，産業医もその一人となるのが望ましいとされています。

⑨労働者数50人未満の事業場では，当面義務化されない（努力義務である）

小規模事業場については，義務化が見送られましたが，できる限り実施が検討されるべきです。

ストレスチェック制度は，ビジネス誌などでも広く取り上げられ，社会の注目を集めました。あたかも，ストレスチェック制度イコール職場のメンタルヘルス対策であるかのような言説も散見されますが，それは誤りです。ストレスチェック制度は，メンタルヘルス指針に示される幅広い活動の一部として位置づけられるべきものです。

6　安全配慮義務

安全配慮義務とは，事業者に課せられた雇用する労働者の生命と安全を確保する義務です。信義則上の債務の一つとみなされて，労働者の健康問題に関する民事訴訟では，長くそれが履行されていたかどうかが争点となっていました。最近では，労働者のメンタルヘルス不調をめぐって職場で適切な対応が行

われたかどうかが，この観点から多く取り上げられています。

安全配慮義務は，危険予知義務と結果回避義務から構成されるといわれます。危険予知義務は，雇用する労働者が仕事を遂行する中で生命や安全が脅かされることがないかどうかを管理すること，結果回避義務はその恐れがみられた場合には未然に防止すべく必要な対策を講じることを意味します。

2007年の労働契約法の制定に伴い，その第5条に「使用者は，労働契約に伴い，労働者がその生命，身体等の安全を確保しつつ労働することができるよう，必要な配慮をするものとする。」と規定されました。

7　労災補償

労災補償の考え方

労働者（被雇用者）が仕事の上で，あるいは通勤時に負った傷病（死亡も含む）に対しては，労働者災害補償保険が適用になります。対象者は，正社員に限らず，パートやアルバイトも含まれます。詳細は他の解説書に譲りますが，表3−7に示した種類の給付があります。労災の対象となる持病としては，一般には不自然な動作，重量物の取り扱いによる腰痛，転落，墜落，挟まれなどによる骨折をはじめとした外傷，疾病では粉じんによるじん肺，騒音による難聴などが代表的なものとしてあげられがちですが，最近では精神障害も注目されています。

仕事に関連したストレスとメンタルヘルス不調との関係について社会の関心が高まるようになり，1999年，労働省（当時）は「心理的負荷による精神障害等に係る業務上外の判断指針」（以下，労災判断指針と略）をまとめました。精神障害例が労災認定されるための要件を示したものです。労災判断指針は，その後

表3−7　労災保険給付の種類

業務災害関係	通勤災害関係
療養補償給付	療養給付
休業補償給付	休業給付
傷害補償給付	障害給付
遺族補償給付	遺族給付
葬祭料	葬祭給付
傷病補償年金	傷病年金
介護補償給付	介護給付

部分的な修正はなされたものの，10年以上にわたって利用されました。2011年12月には大幅な改定がなされ，名称も「心理的負荷による精神障害の認定基準」(以下，労災認定基準と略）と変更になりました。労災請求件数の増加に伴って審査期間が長期化し，それへの対処が必要となってきたことなどを背景としたものでした。しかし，この基本的な考え方は，労災判断指針から変えられてはいません。以下では，労災認定基準の内容について，要点を整理します。

精神障害と労災認定

精神障害が労災認定されるためには，以下の①～③の三つの要件をすべて満たす必要があります。

①対象疾病に該当する精神障害を発病していること

対象となる精神障害は，国際疾病分類第10回改訂版（ICD-10）第V章に示されている「精神および行動の障害」です。実質的には，F3（気分障害）およびF4（神経症性障害，ストレス関連障害，身体表現性障害）が主な対象となっています。この診断は，後追いでもよいことになっています。

②対象疾病の発病前おおむね6か月の間に，客観的に当該精神障害を発病させるおそれのある業務による強い心理的負荷が認められること

本要件を満たすか否かは，「業務による心理的負荷評価表（別表1)」(表3－8）を用いて判断されます。同表には，職場において起こり，心理的負荷(ストレス）の原因となる主な出来事が列挙されています。出来事ごとに，一般的にはどの程度の強さの心理的負荷と受け止められるかを判断する「平均的な心理的負荷の強度」(Ⅰ（弱）～Ⅲ（強）の3段階評価)，それに個別事情を加味して心理的負荷の総合評価（弱，中，強の3段階）を行うための「心理的負荷の総合評価の視点」および「心理的負荷の強度を「弱」「中」「強」と判断する具体例」が示されています。これらに沿って，総合評価が「強」と判断された場合に，②の要件が満たされたことになります。

なお,「生死にかかわる，極度の苦痛を伴う，または永久労働不能となる後

表 3－8　業務による心理的負荷評価表

（別表1）　業務による心理的負荷評価表

特別な出来事

特別な出来事の類型	心理的負荷の総合評価を「強」とするもの
心理的負荷が極度のもの	・ 生死にかかわる、極度の苦痛を伴う、又は永久労働不能となる後遺障害を残す業務上の病気やケガをした（業務上の傷病により6か月を超えて療養中に症状が急変し極度の苦痛を伴った場合を含む）　…項目1関連 ・ 業務に関連し、他人を死亡させ、又は生死にかかわる重大なケガを負わせた（故意によるものを除く）　…項目3関連 ・ 強姦や、本人の意思を抑圧して行われたわいせつ行為などのセクシュアルハラスメントを受けた　…項目36関連 ・ その他、上記に準ずる程度の心理的負荷が極度と認められるもの
極度の長時間労働	・ 発病直前の1か月におおむね160時間を超えるような、又はこれに満たない期間にこれと同程度の（例えば3週間におおむね120時間以上の）時間外労働を行った（休憩時間は少ないが手待時間が多い場合等、労働密度が特に低い場合を除く）　…項目16関連

※ 「特別な出来事」に該当しない場合には、それぞれの関連項目により評価する。

特別な出来事以外

（総合評価における共通事項）

1　出来事後の状況の評価に共通の視点

出来事後の状況として、表に示す「心理的負荷の総合評価の視点」のほか、以下に該当する状況のうち、著しいものは総合評価を強める要素として考慮する。

① 仕事の裁量性の欠如（他律性、強制性の存在）。具体的には、仕事が孤独で単調となった、自分で仕事の順番・やり方を決めることができなくなった、自分の技能や知識を仕事で使うことが要求されなくなった等。

② 職場環境の悪化。具体的には、騒音、照明、温度（暑熱・寒冷）、湿度（多湿）、換気、臭気の悪化等。

③ 職場の支援・協力等（問題への対処等を含む）の欠如。具体的には、仕事のやり方の見直し改善、応援体制の確立、責任の分散等、支援・協力がなされていない等。

④ 上記以外の状況であって、出来事に伴って発生したと認められるもの（他の出来事と評価できるものを除く。）

2　恒常的長時間労働が認められる場合の総合評価

① 具体的出来事の心理的負荷の強度が労働時間を加味せずに「中」程度と評価される場合であって、出来事の後に恒常的な長時間労働（月100時間程度となる時間外労働）が認められる場合には、総合評価は「強」とする。

② 具体的出来事の心理的負荷の強度が労働時間を加味せずに「中」程度と評価される場合であって、出来事の前に恒常的な長時間労働（月100時間程度となる時間外労働）が認められ、出来事後すぐに（出来事後おおむね10日以内に）発病に至っている場合、又は、出来事後すぐに発病には至っていないが事後対応に多大な労力を費しその後発病した場合、総合評価は「強」とする。

③ 具体的出来事の心理的負荷の強度が、労働時間を加味せずに「弱」程度と評価される場合であって、出来事の前及び後にそれぞれ恒常的な長時間労働（月100時間程度となる時間外労働）が認められる場合には、総合評価は「強」とする。

（具体的出来事）

	出来事の類型	平均的な心理的負荷の強度				心理的負荷の総合評価の視点	心理的負荷の強度を「弱」「中」「強」と判断する具体例		
		具体的出来事	心理的負荷の強度						
			Ⅰ	Ⅱ	Ⅲ		弱	中	強
1	①事故や災害の体験	（重度の）病気やケガをした			★	・ 病気やケガの程度 ・ 後遺障害の程度、社会復帰の困難性等	【解説】 右の程度に至らない病気やケガについて、その程度等から「弱」又は「中」と評価		**重度の病気やケガをした** 【「強」である例】 ・ 長期間（おおむね2か月以上）の入院を要する、又は労災の障害年金に該当する若しくは原職への復帰ができなくなる後遺障害を残すような業務上の病気やケガをした ・ 業務上の傷病により6か月を超えて療養中の者について、当該傷病により社会復帰が困難な状況にあった、死の恐怖や強い苦痛が生じた
2		悲惨な事故や災害の体験、目撃をした		★		・ 本人が体験した場合、予感させる被害の程度 ・ 他人の事故を目撃した場合、被害の程度や被害者との関係等	【「弱」になる例】 ・ 業務に関連し、本人の負傷は軽症・無傷で、悲惨とまではいえない事故等の体験、目撃をした	**悲惨な事故や災害の体験、目撃をした** 【「中」である例】 ・ 業務に関連し、本人の負傷は軽症・無傷で、右の程度に至らない悲惨な事故等の体験、目撃をした	【「強」になる例】 ・ 業務に関連し、本人の負傷は軽度・無傷であったが、自らの死を予感させる程度の事故等を体験した ・ 業務に関連し、被害者が死亡する事故、多量の出血を伴うような事故等特に悲惨な事故であって、本人が巻き込まれる可能性がある状況や、本人が被害者を救助することができたかもしれない状況を伴う事故を目撃した（傍観者的な立場での目撃は、「強」になることはまれ）
3	②仕事の失敗、過重な責任の発生等	業務に関連し、重大な人身事故、重大事故を起こした			★	・ 事故の大きさ、内容及び加害の程度 ・ ペナルティ・責任追及の有無及び程度、事後対応の困難性等	【解説】 負わせたケガの程度、事後対応の内容等から「弱」又は「中」と評価		**業務に関連し、重大な人身事故、重大事故を起こした** 【「強」である例】 ・ 業務に関連し、他人に重度の病気やケガ（長期間（おおむね2か月以上）の入院を要する、又は労災の障害年金に該当する若しくは原職への復帰ができなくなる後遺障害を残すような病気やケガ）を負わせ、事後対応にも当たった ・ 他人に負わせたケガの程度は重度ではないが、事後対応に多大な労力を費した（減給、降格等の重いペナルティを課された、職場の人間関係が著しく悪化した等を含む）

筆者補足）本表の使用の詳細については，「心理的負荷による精神障害の認定基準」を参照ください。

	出来事の類型	平均的な心理的負荷の強度				心理的負荷の総合評価の視点	心理的負荷の強度を「弱」「中」「強」と判断する具体例		
		具体的出来事	心理的負荷の強度						
			Ⅰ	Ⅱ	Ⅲ		弱	中	強
4	②仕事の失敗、過重な責任の発生等（続き）	会社の経営に影響するなどの重大な仕事上のミスをした			★	・失敗の大きさ・重大性、社会的反響の大きさ、損害等の程度 ・ペナルティ・責任追及の有無及び程度、事後対応の困難性等	【解説】 ミスの程度、事後対応の内容等から「弱」又は「中」と評価		**会社の経営に影響するなどの重大な仕事上のミスをし、事後対応にも当たった** 【「強」である例】 ・会社の経営に影響するなどの重大な仕事上のミス（倒産を招きかねないミス、大幅な業績悪化に繋がるミス、会社の信用を著しく傷つけるミス等）をし、事後対応にも当たった ・「会社の経営に影響するなどの重大な仕事上のミス」とまでは言えないが、その事後対応に多大な労力を費した（懲戒処分、降格、月給額を超える賠償責任の追及等重いペナルティを課された、職場の人間関係が著しく悪化した等を含む）
5		会社で起きた事故、事件について、責任を問われた		★		・事故、事件の内容、関与・責任の程度、社会的反響の大きさ等 ・ペナルティの有無及び程度、責任追及の程度、事後対応の困難性等 （注）この項目は、部下が起こした事故等、本人が直接引き起こしたものではない事故、事件について、監督責任等を問われた場合の心理的負荷を評価する。本人が直接引き起こした事故等については、項目4で評価する。	【「弱」になる例】 ・軽微な事故、事件（損害等の生じない事態、その後の業務で容易に損害等を回復できる事態、社内でたびたび生じる事態等）の責任（監督責任等）を一応問われたが、特段の事後対応はなかった	**会社で起きた事故、事件について、責任を問われた** 【「中」である例】 ・立場や職責に応じて事故、事件の責任（監督責任等）を問われ、何らかの事後対応を行った	【「強」になる例】 ・重大な事故、事件（倒産を招きかねない事態や大幅な業績悪化に繋がる事態、会社の信用を著しく傷つける事態、他人を死亡させ、又は生死に関わるケガを負わせる事態等）の責任（監督責任等）を問われ、事後対応に多大な労力を費した ・重大とまではいえない事故、事件ではあるが、その責任（監督責任等）を問われ、立場や職責を大きく上回る事後対応を行った（減給、降格等の重いペナルティが課された等を含む）
6		自分の関係する仕事で多額の損失等が生じた		★		・損失等の程度、社会的反響の大きさ等 ・事後対応の困難性等 （注）この項目は、取引先の倒産など、多額の損失等が生じた原因に本人が関与していないものの、それに伴う対応等による心理的負荷を評価する。本人のミスによる多額の損失等については、項目4で評価する。	【「弱」になる例】 ・多額とはいえない損失（その後の業務で容易に回復できる損失、社内でたびたび生じる損失等）等が生じ、何らかの事後対応を行った	**自分の関係する仕事で多額の損失等が生じた** 【「中」である例】 ・多額の損失等が生じ、何らかの事後対応を行った	【「強」になる例】 ・会社の経営に影響するなどの特に多額の損失（倒産を招きかねない損失、大幅な業績悪化に繋がる損失等）が生じ、倒産を回避するための金融機関や取引先への対応等の事後対応に多大な労力を費した
7		業務に関連し、違法行為を強要された		★		・違法性の程度、強要の程度（頻度、方法）等 ・事後のペナルティの程度、事後対応の困難性等	【「弱」になる例】 ・業務に関連し、商慣習としてはまれに行われるような違法行為を求められたが、拒むことにより終了した	**業務に関連し、違法行為を強要された** 【「中」である例】 ・業務に関連し、商慣習としてはまれに行われるような違法行為を命じられ、これに従った	【「強」になる例】 ・業務に関連し、重大な違法行為（人の生命に関わる違法行為、発覚した場合に会社の信用を著しく傷つける違法行為）を命じられた ・業務に関連し、反対したにもかかわらず、違法行為を執拗に命じられ、やむなくそれに従った ・業務に関連し、重大な違法行為を命じられ、何度もそれに従った ・業務に関連し、強要された違法行為が発覚し、事後対応に多大な労力を費した（重いペナルティを課された等を含む）
8		達成困難なノルマが課された		★		・ノルマの内容、困難性、強制の程度、達成できなかった場合の影響、ペナルティの有無等 ・その後の業務内容・業務量の程度、職場の人間関係等	【「弱」になる例】 ・同種の経験等を有する労働者であれば達成可能なノルマを課された ・ノルマではない業績目標が示された（当該目標が、達成を強く求められるものではなかった）	**達成困難なノルマが課された** 【「中」である例】 ・達成は容易ではないものの、客観的にみて、努力すれば達成も可能であるノルマが課され、この達成に向けた業務を行った	【「強」になる例】 ・客観的に、相当な努力があっても達成困難なノルマが課され、達成できない場合には重いペナルティがあると予告された
9		ノルマが達成できなかった		★		・達成できなかったことによる経営上の影響度、ペナルティの程度等 ・事後対応の困難性等 （注）期限に至っていない場合でも、達成できない状況が明らかになった場合にはこの項目で評価する。	【「弱」になる例】 ・ノルマが達成できなかったが、何ら事後対応は必要なく、会社から責任を問われること等もなかった ・業績目標が達成できなかったものの、当該目標の達成は、強く求められていたものではなかった	**ノルマが達成できなかった** 【「中」である例】 ・ノルマが達成できなかったことによりペナルティ（昇進の遅れ等を含む。）があった	【「強」になる例】 ・経営に影響するようなノルマ（達成できなかったことにより倒産を招きかねないもの、大幅な業績悪化につながるもの、会社の信用を著しく傷つけるもの等）が達成できず、そのため、事後対応に多大な労力を費した（懲戒処分、降格、左遷、賠償責任の追及等重いペナルティを課された等を含む）
10		新規事業の担当になった、会社の建て直しの担当になった		★		・新規業務の内容、本人の職責、困難性の程度、能力と業務内容のギャップの程度等 ・その後の業務内容、業務量の程度、職場の人間関係等	【「弱」になる例】 ・軽微な新規事業等（新規事業であるが、責任が大きいとはいえないもの）の担当になった	**新規事業の担当になった、会社の建て直しの担当になった** 【「中」である例】 ・新規事業等（新規プロジェクト、新規の研究開発、会社全体や不採算部門の建て直し等、成功に対する高い評価が期待されやりがいも大きいが責任も大きい業務）の担当になった。	【「強」になる例】 ・経営に重大な影響のある新規事業等（失敗した場合に倒産を招きかねないもの、大幅な業績悪化につながるもの、会社の信用を著しく傷つけるもの、成功した場合に会社の新たな主要事業になるもの等）の担当であって、事業の成否に重大な責任のある立場に就き、当該業務に当たった

	出来事の類型	平均的な心理的負荷の強度 具体的出来事	心理的負荷の強度 Ⅰ	Ⅱ	Ⅲ	心理的負荷の総合評価の視点	心理的負荷の強度を「弱」「中」「強」と判断する具体例 弱	中	強
11		顧客や取引先から無理な注文を受けた		★		・ 顧客・取引先の重要性、要求の内容等 ・ 事後対応の困難性等	【「弱」になる例】 ・ 同種の経験等を有する労働者であれば達成可能な注文を出され、業務内容・業務量に一定の変化があった ・ 要望が示されたが、達成を強く求められるものではなく、業務内容・業務量に大きな変化もなかった	**顧客や取引先から無理な注文を受けた** 【「中」である例】 ・ 業務に関連して、顧客や取引先から無理な注文（大幅な値下げや納期の繰上げ、度重なる設計変更等）を受け、何らかの事後対応を行った	【「強」になる例】 ・ 通常なら拒むことが明らかな注文（業績の著しい悪化が予想される注文、違法行為を内包する注文等）ではあるが、重要な顧客や取引先からのものであるためこれを受け、他部門や別の取引先と困難な調整に当たった
12		顧客や取引先からクレームを受けた		★		・ 顧客・取引先の重要性、会社に与えた損害の内容、程度等 ・ 事後対応の困難性等 （注）この項目は、本人に過失のないクレームについて評価する。本人のミスによるものは、項目4で評価する。	【「弱」になる例】 ・ 顧客等からクレームを受けたが、特に対応を求められるものではなく、取引関係や、業務内容・業務量に大きな変化もなかった	**顧客や取引先からクレームを受けた** 【「中」である例】 ・ 業務に関連して、顧客等からクレーム（納品物の不適合の指摘等その内容が妥当なもの）を受けた	【「強」になる例】 ・ 顧客や取引先から重大なクレーム（大口の顧客等の喪失を招きかねないもの、会社の信用を著しく傷つけるもの等）を受け、その解消のために他部門や別の取引先と困難な調整に当たった
13		大きな説明会や公式の場での発表を強いられた	★			・ 説明会等の規模、業務内容と発表内容のギャップ、強要、責任、事前準備の程度等	**大きな説明会や公式の場での発表を強いられた**	【解説】 説明会等の内容や事前準備の程度、本人の経験等から評価するが、「強」になることはまれ	
14		上司が不在になることにより、その代行を任された	★			・ 代行した業務の内容、責任の程度、本来業務との関係、能力・経験とのギャップ、職場の人間関係等 ・ 代行期間等	**上司が不在になることにより、その代行を任された**	【解説】 代行により課せられた責任の程度、その期間や代行した業務内容、本人の過去の経験等とのギャップ等から評価するが、「強」になることはまれ	
15	③仕事の量・質	仕事内容・仕事量の（大きな）変化を生じさせる出来事があった		★		・ 業務の困難性、能力・経験と業務内容のギャップ等 ・ 時間外労働、休日労働、業務の密度の変化の程度、仕事内容、責任の変化の程度等 （注）発病前おおむね6か月において、時間外労働時間数に変化がみられる場合には、他の項目で評価される場合でも、この項目でも評価する。	【「弱」になる例】 ・ 仕事内容の変化が容易に対応できるもの（※）であり、変化後の業務の負荷が大きくなかった ※ 会議・研修等の参加の強制、職場のOA化の進展、部下の増加、同一事業場内の所属部署の統廃合、担当外業務としての非正規職員の教育等 ・ 仕事量（時間外労働時間数等）に、「中」に至らない程度の変化があった	**仕事内容・仕事量の大きな変化を生じさせる出来事があった** 【「中」である例】 ・ 担当業務内容の変更、取引量の急増等により、仕事内容、仕事量の大きな変化（時間外労働時間数としてはおおむね20時間以上増加し1月当たりおおむね45時間以上となるなど）が生じた	【「強」になる例】 ・ 仕事量が著しく増加して時間外労働も大幅に増える（倍以上に増加し、1月当たりおおむね100時間以上となる）などの状況になり、その後の業務に多大な労力を費した（休憩・休日を確保するのが困難なほどの状態となった等を含む） ・ 過去に経験したことがない仕事内容に変更となり、常時緊張を強いられる状態となった
16		1か月に80時間以上の時間外労働を行った		★		・ 業務の困難性 ・ 長時間労働の継続期間 （注）この項目の「時間外労働」は、すべて休日労働時間を含む。	【「弱」になる例】 ・ 1か月に80時間未満の時間外労働を行った （注）他の項目で評価されない場合のみ評価する。	**1か月に80時間以上の時間外労働を行った** （注）他の項目で評価されない場合のみ評価する。	【「強」になる例】 ・ 発病直前の連続した2か月間に、1月当たりおおむね120時間以上の時間外労働を行い、その業務内容が通常その程度の労働時間を要するものであった ・ 発病直前の連続した3か月間に、1月当たりおおむね100時間以上の時間外労働を行い、その業務内容が通常その程度の労働時間を要するものであった
17		2週間以上にわたって連続勤務を行った		★		・ 業務の困難性、能力・経験と業務内容のギャップ等 ・ 時間外労働、休日労働、業務密度の変化の程度、業務の内容、責任の変化の程度等	【「弱」になる例】 ・ 休日労働を行った	**2週間（12日）以上にわたって連続勤務を行った** 【「中」である例】 ・ 平日の時間外労働だけではこなせない業務量がある、休日に対応しなければならない業務が生じた等の事情により、2週間（12日）以上にわたって連続勤務を行った（1日あたりの労働時間が特に短い場合、手待時間が多い等の労働密度が特に低い場合を除く）	【「強」になる例】 ・ 1か月以上にわたって連続勤務を行った ・ 2週間（12日）以上にわたって連続勤務を行い、その間、連日、深夜時間帯に及ぶ時間外労働を行った （いずれも、1日あたりの労働時間が特に短い場合、手待時間が多い等の労働密度が特に低い場合を除く）
18		勤務形態に変化があった	★			・ 交替制勤務、深夜勤務等変化の程度、変化後の状況等	**勤務形態に変化があった**	【解説】 変更後の勤務形態の内容、一般的な日常生活とのギャップ等から評価するが、「強」になることはまれ	
19		仕事のペース、活動の変化があった	★			・ 変化の程度、強制性、変化後の状況等	**仕事のペース、活動の変化があった**	【解説】 仕事のペースの変化の程度、労働者の過去の経験等とのギャップ等から評価するが、「強」になることはまれ	

	出来事の類型	平均的な心理的負荷の強度 具体的出来事	心理的負荷の強度 Ⅰ	Ⅱ	Ⅲ	心理的負荷の総合評価の視点	心理的負荷の強度を「弱」「中」「強」と判断する具体例 弱	中	強
20	④役割・地位の変化等	退職を強要された			★	・ 解雇又は退職強要の経過、強要の程度、職場の人間関係等 (注)ここでいう「解雇又は退職強要」には、労働契約の形式上期間を定めて雇用されている者であっても、当該契約が期間の定めのない契約と実質的に異ならない状態となっている場合の雇止めの通知を含む。	【解説】 退職勧奨が行われたが、その方法、頻度等からして強要とはいえない場合には、その方法等から「弱」又は「中」と評価		**退職を強要された** 【「強」である例】 ・ 退職の意思のないことを表明しているにもかかわらず、執拗に退職を求められた ・ 恐怖感を抱かせる方法を用いて退職勧奨された ・ 突然解雇の通告を受け、何ら理由が説明されることなく、説明を求めても応じられず、撤回されることもなかった
21		配置転換があった		★		・ 職種、職務の変化の程度、配置転換の理由・経過等 ・ 業務の困難性、能力・経験と業務内容のギャップ等 ・ その後の業務内容、業務量の程度、職場の人間関係等 (注)出向を含む。	【「弱」になる例】 ・ 以前に経験した業務等、配置転換後の業務が容易に対応できるものであり、変化後の業務の負荷が軽微であった	**配置転換があった** (注) ここでの「配置転換」は、所属部署(担当係等)、勤務場所の変更を指し、転居を伴うものを除く。	【「強」になる例】 ・ 過去に経験した業務と全く異なる質の業務に従事することとなったため、配置転換後の業務に対応するのに多大な労力を費した ・ 配置転換後の地位が、過去の経験からみて異例なほど重い責任が課されるものであった ・ 左遷された(明らかな降格であって配置転換としては異例なものであり、職場内で孤立した状況になった)
22		転勤をした		★		・ 職種、職務の変化の程度、転勤の理由・経過、単身赴任の有無、海外の治安の状況等 ・ 業務の困難性、能力・経験と業務内容のギャップ等 ・ その後の業務内容、業務量の程度、職場の人間関係等	【「弱」になる例】 ・ 以前に経験した場所である等、転勤後の業務が容易に対応できるものであり、変化後の業務の負荷が軽微であった	**転勤をした** (注) ここでの「転勤」は、勤務場所の変更であって転居を伴うものを指す。 なお、業務内容の変化についての評価は、項目21に準じて判断する。	【「強」になる例】 ・ 転勤先は初めて赴任する外国であって現地の職員との会話が不能、治安状況が不安といったような事情から、転勤後の業務遂行に著しい困難を伴った
23		複数名で担当していた業務を1人で担当するようになった		★		・ 業務の変化の程度等 ・ その後の業務内容、業務量の程度、職場の人間関係等	【「弱」になる例】 ・ 複数名で担当していた業務を一人で担当するようになったが、業務内容・業務量はほとんど変化がなかった	**複数名で担当していた業務を一人で担当するようになった** 【「中」である例】 ・ 複数名で担当していた業務を一人で担当するようになり、業務内容・業務量に何らかの変化があった。	【「強」になる例】 ・ 業務を一人で担当するようになったため、業務量が著しく増加し時間外労働が大幅に増えるなどの状況になり、かつ、必要な休憩・休日も取れない等常時緊張を強いられるような状態となった
24		非正規社員であるとの理由等により、仕事上の差別、不利益取扱いを受けた		★		・ 差別・不利益取扱いの理由・経過、内容、程度、職場の人間関係等 ・ その継続する状況	【「弱」になる例】 ・ 社員間に処遇の差異があるが、その差は小さいものであった	**非正規社員であるとの理由等により、仕事上の差別、不利益取扱いを受けた** 【「中」である例】 ・ 非正規社員であるとの理由、又はその他の理由により、仕事上の差別、不利益取扱いを受けた ・ 業務の遂行から疎外・排除される取扱いを受けた	【「強」になる例】 ・ 仕事上の差別、不利益取扱いの程度が著しく大きく、人格を否定するようなものであって、かつこれが継続した
25		自分の昇格・昇進があった	★			・ 職務・責任の変化の程度等 ・ その後の業務内容、職場の人間関係等	**自分の昇格・昇進があった**	【解説】 本人の経験等と著しく乖離した責任が課せられる等の場合に、昇進後の職責、業務内容等から評価するが、「強」になることはまれ	
26		部下が減った	★			・ 職場における役割・位置付けの変化、業務の変化の内容・程度等 ・ その後の業務内容、職場の人間関係等	**部下が減った**	【解説】 部下の減少がペナルティの意味を持つものである等の場合に、減少の程度(人数等)等から評価するが、「強」になることはまれ	
27		早期退職制度の対象となった	★			・ 対象者選定の合理性、代償措置の内容、制度の事前周知の状況、その後の状況、職場の人間関係等	**早期退職制度の対象となった**	【解説】 制度の創設が突然であり退職までの期間が短い等の場合に、対象者選定の基準等から評価するが、「強」になることはまれ	
28		非正規社員である自分の契約満了が迫った	★			・ 契約締結時、期間満了前の説明の有無、その内容、その後の状況、職場の人間関係等	**非正規社員である自分の契約満了が迫った**	【解説】 事前の説明に反した突然の契約終了(雇止め)通告であり契約終了までの期間が短かった等の場合に、その経過等から評価するが、「強」になることはまれ	

	出来事の類型	平均的な心理的負荷の強度				心理的負荷の総合評価の視点	心理的負荷の強度を「弱」「中」「強」と判断する具体例		
		具体的出来事	心理的負荷の強度				弱	中	強
			Ⅰ	Ⅱ	Ⅲ				
29	⑤対人関係	(ひどい)嫌がらせ、いじめ、又は暴行を受けた			★	・ 嫌がらせ、いじめ、暴行の内容、程度等 ・ その継続する状況 (注)上司から業務指導の範囲内の叱責等を受けた場合、上司と業務をめぐる方針等において対立が生じた場合等は、項目30等で評価する。	【解説】 部下に対する上司の言動が業務指導の範囲を逸脱し、又は同僚等による多人数が結託しての言動が、それぞれ右の程度に至らない場合について、その内容、程度、経過と業務指導からの逸脱の程度により「弱」又は「中」と評価 【「弱」になる例】 ・ 複数の同僚等の発言により不快感を覚えた(客観的には嫌がらせ、いじめとはいえないものも含む)	【「中」になる例】 ・ 上司の叱責の過程で業務指導の範囲を逸脱した発言があったが、これが継続していない ・ 同僚等が結託して嫌がらせを行ったが、これが継続していない	**ひどい嫌がらせ、いじめ、又は暴行を受けた** 【「強」である例】 ・ 部下に対する上司の言動が、業務指導の範囲を逸脱しており、その中に人格や人間性を否定するような言動が含まれ、かつ、これが執拗に行われた ・ 同僚等による多人数が結託しての人格や人間性を否定するような言動が執拗に行われた ・ 治療を要する程度の暴行を受けた
30		上司とのトラブルがあった		★		・ トラブルの内容、程度等 ・ その後の業務への支障等	【「弱」になる例】 ・ 上司から、業務指導の範囲内である指導・叱責を受けた ・ 業務をめぐる方針等において、上司との考え方の相違が生じた (客観的にはトラブルとはいえないものも含む)	**上司とのトラブルがあった** 【「中」である例】 ・ 上司から、業務指導の範囲内である強い指導・叱責を受けた ・ 業務をめぐる方針等において、周囲からも客観的に認識されるような対立が上司との間に生じた	【「強」になる例】 ・ 業務をめぐる方針等において、周囲からも客観的に認識されるような大きな対立が上司との間に生じ、その後の業務に大きな支障を来した
31		同僚とのトラブルがあった		★		・ トラブルの内容、程度、同僚との職務上の関係等 ・ その後の業務への支障等	【「弱」になる例】 ・ 業務をめぐる方針等において、同僚との考え方の相違が生じた (客観的にはトラブルとはいえないものも含む)	**同僚とのトラブルがあった** 【「中」である例】 ・ 業務をめぐる方針等において、周囲からも客観的に認識されるような対立が同僚との間に生じた	【「強」になる例】 ・ 業務をめぐる方針等において、周囲からも客観的に認識されるような大きな対立が多数の同僚との間に生じ、その後の業務に大きな支障を来した
32		部下とのトラブルがあった		★		・ トラブルの内容、程度等 ・ その後の業務への支障等	【「弱」になる例】 ・ 業務をめぐる方針等において、部下との考え方の相違が生じた (客観的にはトラブルとはいえないものも含む)	**部下とのトラブルがあった** 【「中」である例】 ・ 業務をめぐる方針等において、周囲からも客観的に認識されるような対立が部下との間に生じた	【「強」になる例】 ・ 業務をめぐる方針等において、周囲からも客観的に認識されるような大きな対立が多数の部下との間に生じ、その後の業務に大きな支障を来した
33		理解してくれていた人の異動があった	★				**理解してくれていた人の異動があった**		
34		上司が替わった	★			(注)上司が替わったことにより、当該上司との関係に問題が生じた場合には、項目30で評価する。	**上司が替わった**		
35		同僚等の昇進・昇格があり、昇進で先を越された	★				**同僚等の昇進・昇格があり、昇進で先を越された**		
36	⑥セクシュアルハラスメント	セクシュアルハラスメントを受けた		★		・ セクシュアルハラスメントの内容、程度等 ・ その継続する状況 ・ 会社の対応の有無及び内容、改善の状況、職場の人間関係等	【「弱」になる例】 ・「〇〇ちゃん」等のセクシュアルハラスメントに当たる発言をされた場合 ・ 職場内に水着姿の女性のポスター等を掲示された場合	**セクシュアルハラスメントを受けた** 【「中」である例】 ・ 胸や腰等への身体接触を含むセクシュアルハラスメントであっても、行為が継続しておらず、会社が適切かつ迅速に対応し発病前に解決した場合 ・ 身体接触のない性的な発言のみのセクシュアルハラスメントであって、発言が継続していない場合 ・ 身体接触のない性的な発言のみのセクシュアルハラスメントであって、複数回行われたものの、会社が適切かつ迅速に対応し発病前にそれが終了した場合	【「強」になる例】 ・ 胸や腰等への身体接触を含むセクシュアルハラスメントであって、継続して行われた場合 ・ 胸や腰等への身体接触を含むセクシュアルハラスメントであって、行為は継続していないが、会社に相談しても適切な対応がなく、改善されなかった又は会社への相談等の後に職場の人間関係が悪化した場合 ・ 身体接触のない性的な発言のみのセク シュアルハラスメントであって、発言の中に人格を否定するようなものを含み、かつ継続してなされた場合 ・ 身体接触のない性的な発言のみのセク シュアルハラスメントであって、性的な発言が継続してなされ、かつ会社がセクシュアルハラスメントがあると把握していても適切な対応がなく、改善がなされなかった場合

別表２

業務以外の心理的負荷評価表

出来事の類型	具体的出来事	心理的負荷の強度		
		Ⅰ	Ⅱ	Ⅲ
① 自分の出来事	離婚又は夫婦が別居した			☆
	自分が重い病気やケガをした又は流産した			☆
	自分が病気やケガをした		☆	
	夫婦のトラブル、不和があった	☆		
	自分が妊娠した	☆		
	定年退職した	☆		
② 自分以外の家族・親族の出来事	配偶者や子供、親又は兄弟が死亡した			☆
	配偶者や子供が重い病気やケガをした			☆
	親類の誰かで世間的にまずいことをした人が出た			☆
	親族とのつきあいで困ったり、辛い思いをしたことがあった		☆	
	親が重い病気やケガをした		☆	
	家族が婚約した又はその話が具体化した	☆		
	子供の入試・進学があった又は子供が受験勉強を始めた	☆		
	親子の不和、子供の問題行動、非行があった	☆		
	家族が増えた（子供が産まれた）又は減った（子供が独立して家を離れた）	☆		
	配偶者が仕事を始めた又は辞めた	☆		
③ 金銭関係	多額の財産を損失した又は突然大きな支出があった			☆
	収入が減少した		☆	
	借金返済の遅れ、困難があった		☆	
	住宅ローン又は消費者ローンを借りた	☆		
④ 事件、事故、災害の体験	天災や火災などにあった又は犯罪に巻き込まれた			☆
	自宅に泥棒が入った		☆	
	交通事故を起こした		☆	
	軽度の法律違反をした	☆		
⑤ 住環境の変化	騒音等、家の周囲の環境（人間環境を含む）が悪化した		☆	
	引越した		☆	
	家屋や土地を売買した又はその具体的な計画が持ち上がった	☆		
	家族以外の人（知人、下宿人など）が一緒に住むようになった	☆		
⑥ 他人との人間関係	友人、先輩に裏切られショックを受けた		☆	
	親しい友人、先輩が死亡した		☆	
	失恋、異性関係のもつれがあった		☆	
	隣近所とのトラブルがあった		☆	

（注）心理的負荷の強度ⅠからⅢは、別表１と同程度である。

遺障害を残す業務上の病気やケガをした」などの心理的負荷が極度のものと極度の長時間労働（後述）は，「特別な出来事」とされます。このいずれかが存在した場合には，上記の手続きをする必要がありません。それだけで業務による心理的負荷の総合判定は「強」となります。

業務上の傷病により6か月を超えて療養中の者が，その傷病によって生じた苦痛や社会復帰が困難な状況を原因として対象疾病を発病したと判断される場合には，その傷病が生じた時期が発病の6か月より前であっても，評価の対象となります。特に強い心理的負荷となる出来事を経験した者は，その直後の心理的反応のために医療機関の受診が遅れることがあるため，それについても配慮されることになっています。また，ハラスメントのように，出来事が繰り返されるものについては，発病の6か月よりも前に開始されている場合でも，6か月以内の期間にも継続していれば，開始時からのすべての行為が評価の対象とされます。

長時間労働に関しては，「発病日から起算した直前の1か月間におおむね160時間を超える時間外労働を行った場合等」に，極度の長時間労働として，上述した「特別な出来事」に該当するものと扱われます。それ以外については，「業務による心理的負荷評価表」の「具体的出来事」の中に設けられている，「1か月に80時間以上の時間外労働を行った」という項目によって評価されます。他に心理的負荷の原因となる出来事があり長時間労働もみられた例では，両者を関連づけて総合評価がなされます。

③業務以外の心理的負荷及び個体側要因により当該精神障害を発病したとは認められないこと

業務以外の心理的負荷の評価のためには，「業務以外の心理的負荷表（別表2)」が用意されています。個体側要因（個人のストレス脆弱性）については，既往歴，生活史（過去の社会適応），アルコール等の依存状況，性格傾向が評価の参考とされます。

なお，認定は原則として初発例に限られますが，既に精神障害を発症していても，前述した「特別な出来事」を契機として病状が増悪した場合に限り，増悪した部分について認定がなされることになっています。

この認定は，「ストレス―脆弱性理論」（脆弱性―ストレスモデル）を基にしています。「ストレス―脆弱性理論」とは，環境に起因するストレスと個人の反応性（ストレスに関する脆弱性）との関係で精神的不調が生じるかどうかが決まるとするものです。環境に起因するストレスが非常に強ければ個体側の脆弱性がさほど高くなくても，逆に個人側の脆弱性が高い場合には環境に起因するストレスが軽度でも，精神的破綻が生じると考えます。また，この場合の環境に起因するストレスの強度は，本人の主観的なものではなく，同じような状況におかれた場合に，多くの人が一般的にどのように受け止めるかという評価によります（「平均人基準説」ということもあります）。

8 自殺対策

1998年以降我が国の年間自殺者数が年間3万人超と高止まりをしていた状況に対して，2006年に「自殺対策基本法」が制定されました。同法では，事業者に求める取り組みについて，「国及び地方公共団体が実施する自殺対策に協力するとともに，その雇用する労働者の心の健康の保持を図るため必要な措置を講じるように努めるものとする」と明記されました。翌年には，具体的な対策の推進方針をまとめた「自殺総合対策大綱」が公表されました。大綱は5年おきに見直されることになっており，2017年版では，職場で行われるべき具体的な活動として，メンタルヘルス指針に沿ったメンタルヘルス対策の推進，過重労働の防止，パワーハラスメントおよびセクシャルハラスメントの防止などが採り上げられています。

9 治療と仕事の両立支援

少子高齢化に伴う労働人口の減少化，医療（診断技術，治療法）の進歩などを背景にして，傷病の治療をしながら就労を続ける労働者への支援の推進が求められています。厚生労働省は，「事業場における治療と仕事の両立支援のためのガイドライン」を公表し，具体的な進め方，留意点などを示しています。

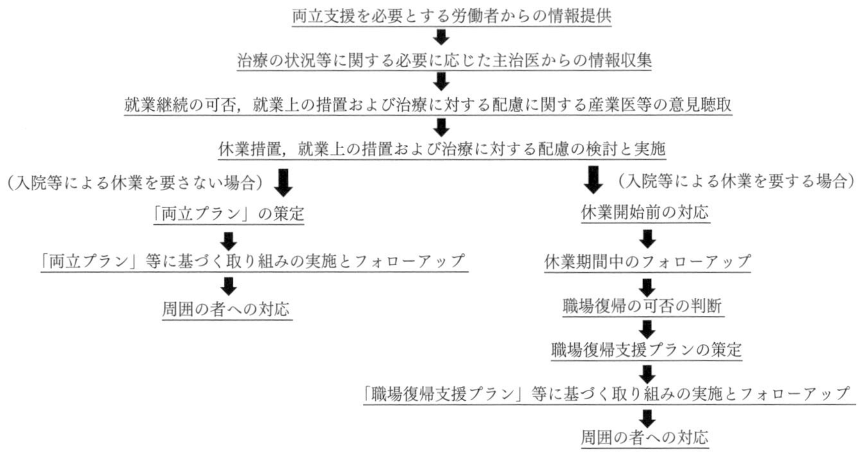

図 3－3　治療と仕事の両立支援活動の流れ

両立支援の基本的な流れを図 3－3 に示しました。

なお，がんについては，治療と仕事の両立支援に関する診療報酬が，療養・就労両立支援指導料という名称で新設されました。職場からの依頼に応じて主治医が意見書を作成すると，それが診療報酬の対象になります。これは今後他の疾患にも広がっていくと考えられます。メンタルヘルス不調については，今のところその対象に想定されていませんが，従来他の健康障害にも増して，主治医と職場との連携が重視されてきたことから，メンタルヘルス領域においても，ますます両立支援の推進が求められるようになると推測されます。

10　働き方改革関連法

2018 年に「働き方改革を推進するための関連法律の整備に関する法律」（働き方改革関連法）が制定されました。本法によって，雇用対策法，労働基準法，安衛法，労働時間等設定改善法，じん肺法，労働契約法，短時間労働者の雇用管理の改善等に関する法律（パートタイム労働法），労働者派遣法の内容が，それぞれ一部改正（雇用対策法は「労働施策の総合的な推進並びに労働者の雇用の安定及び職業生活の充実等に関する法律」（労働施策総合推進法）に，パートタイム労働法は「短時間労働者及び有期雇用労働者の雇用管理の改善等に関する法律」（パートタイム・有期雇用労働法）に名称変更も）されました。

労働基準法関連では，労働時間が法定限度の8時間／日および40時間／週を超える，あるいは休日が毎週少なくとも1回確保できない場合には，36協定（会社が労働組合などと結ぶ書面による協定で，労働基準法第36条で規定されているため，このように呼ばれています）の締結・届出が必要で，時間外労働の上限規制も罰則付きで明確化されました（表3−9）。安衛法関連では，産業医・産業保健機能の強化，長時間労働者に対する医師の面接指導の対象者の見直し（表3−10）などがなされました。

表3−9　働き方改革関連法によって定められた時間外労働の規制

（原則として）	
時間外労働	月45時間・年360時間以内
（臨時的な特別の事情があって労使が合意する場合（特別条項）でも）	
時間外労働	年720時間以内
時間外労働と休日労働の合計	月100時間未満
複数月平均	時間外労働と休日労働の合計について，「2か月平均」「3か月平均」「4か月平均」「5か月平均」「6か月平均」のいずれも80時間以内／月
時間外労働が45時間を超えることができる月数	年6か月が限度

表3−10　働き方改革関連法によって定められた長時間労働者に対する医師による面接指導

時間外・休日労働時間が月80時間を超え，かつ疲労の蓄積が認められる者	本人の申し出により実施（＊）
研究開発業務従事者（時間外労働の上限規制適用外）	（＊）に加え，時間外・休労働時間が1月あたり100時間を超える者については本人の申し出なしに実施
高度プロフェッショナル制度対象者	（＊）に加え，健康管理時間が40時間／週を超えた場合でその超えた時間が100時間／月を超えた者については，本人の申し出なしに実施

3. 職場のメンタルヘルスの現状，メンタルヘルス対策の取り組み状況

1　働く人のストレスとメンタルヘルス

厚生労働省が実施している労働安全衛生調査（以前は労働者健康状況調査）の結果によると，この20年ほど「仕事や職業生活において強い悩み，不安，ストレスを感じる」労働者の割合は，顕著な性差なく，約6割という高値を続けています。その原因は，仕事の量・質の問題，仕事上の失敗・責任の発生，人間関係（ハラスメントなどを含む）が多くなっています。

メンタルヘルス不調に陥る労働者も増加あるいは横ばいの状態にある企業が多くなっています。日本生産性本部メンタルヘルス研究所などの調査結果からは，一時期ほどの増加はみられないものの，減少に転じるまでには至っていない企業が大半です。厚生労働省の上記調査でも，連続1か月以上休業または退職する労働者がいるところが，特に大規模事業場で高率となっています。

また，メンタルヘルス不調により休業した労働者は，病状の回復により職場復帰しても，数年以内，早い例では6か月に満たずに，再燃・再発による再

休業に至ることが多いことも指摘されており，この問題は，当該労働者や家族のみならず，産業保健スタッフや人事労務管理スタッフなどの職場関係者をも悩ませています。

明らかに業務に起因するストレスが主因となって生じた精神障害例に対しては，上述したように，請求により業務上疾病として労災認定がなされます。精神障害例が我が国で初めて労災認定されたのは1984年ですが，請求および認定件数の明らかな増加がみられ始めたのは，労災判断指針が公表された1999年以降です。労災認定基準が示された翌年の2014年度には500例近くにまで急増しました。そのうち，自殺例は約100例でした。労災認定された精神障害例で，仕事上の強いストレス要因とみなされた事項（表3−8を参照）としては，パワーハラスメント，仕事の（質あるいは量の）大きな変化，長時間労働などが多くなっています。

自殺は，多くの場合何らかの精神障害を背景として起こることが知られています。我が国の自殺者数は，急増した1998年から2011年まで年間30,000人超（警察庁の調査による）の高水準が続いていましたが，それ以降減少に転じ，最近は1997年以前の水準に戻っています。しかし，いわゆる先進国の中ではまだ人口当たりの割合は高く，労働者（被雇用者・勤め人）に限ってみると，減少傾向にはあるものの，まだ1997年以前よりも1割ほどは多い状況です。原因は，健康問題が最多であり，その中にはうつ病が多く含まれます。また，30歳代から50歳代にかけては，勤務問題もそれぞれ400～500例ほどにみられています。

2　メンタルヘルス対策の現状と課題

事業場のメンタルヘルス対策の取り組み状況については，最近では約60％の事業場で何らかの取り組みが行われています。事業場規模が大きいほど，取り組んでいる割合が高い傾向がみられます(労働安全衛生調査の結果による)。具体的な活動としては，労働者のストレスの状況などについての調査票を用いた調査（ストレスチェック），労働者への教育研修・情報提供，事業所内での相談体制の整備，健康診断後の保健指導における対策の実施，実務を行う担当者（事業場内メンタルヘルス推進担当者）の選任，職場環境等の評価および改善（ストレスチェック後の集団（部，課など）ごとの分析を含む），管理監督者への教育研修・情報提供が高率です。

また，厚生労働省は，5年おきに安全衛生における重要課題を掲げた「労働災害防止計画」を策定し公示していますが，2018年に示された第13次計画には，表3－11の計画目標を盛り込んでいます。

表3－11　第13次労働災害防止計画に示された計画目標

①死亡災害については，死亡者数を2017年と比較して，2022年までに15％以上減少

②死傷災害（休業4日以上の労働災害）については，死傷者数の増加が著しい業種，事故の型に着目した対策を講じることにより，死傷者数を2017年と比較して，2022年までに5％以上減少

③重点とする業種の目標
- 建設業，製造業および林業については，死亡者数を2017年と比較して，2022年までに15％以上減少
- 陸上貨物運送事業，小売業，社会福祉施設および飲食店については，死傷者数を2017年と比較して，2022年までに死傷年千人率で5％以上減少

④上記以外の目標
- 仕事上の不安，悩み又はストレスについて，職場に事業場外資源を含めた相談先がある労働者の割合を90％以上
- メンタルヘルス対策に取り組んでいる事業場の割合を80％以上
- ストレスチェック結果を集団分析し，その結果を活用した事業場の割合を60％以上
- 化学品の分類および表示に関する世界調和システム（GHS）による分類の結果，危険性または有害性等を有するとされる全ての化学物質について，ラベル表示と安全データシート（SDS）の交付を行っている化学物質譲渡・提供者の割合を80％以上
- 第三次産業および陸上貨物運送事業の腰痛による死傷者数を2017年と比較して，2022年までに死傷年千人率で5％以上減少
- 職場での熱中症による死亡者数を2013年から2017年までの5年間と比較して，2018年から2022年までの5年間で5％以上減少

4. 職業性ストレスと心の健康問題に関する理論

仕事に関するストレス要因には，様々なものがあります。それらが強くなったり，重なったりすると労働者にストレスによる健康障害をもたらします。多くの場合，ストレスによる健康障害は，職場や仕事に起因するものだけでなく，それ以外のストレス要因，個人の特性などの影響も相まって生じます。

ここでは，仕事に関するストレスの評価，それが健康や仕事の生産性とどのような関連を有しているかについての代表的なモデルを紹介します。

(1) NIOSHの職業性ストレスモデル（図3－4）

仕事に関するストレスが健康に与える影響とそれに関連する因子については，米国国立労働安全保健研究所（NIOSH：National Institute for Occupational Safety and Health）が提唱するモデルがわかりやすいでしょう。

仕事に関するストレス要因（ストレッサーともいいます）は，仕事以外のストレス要因と相まって，心身にストレス反応を引き起こします。このストレス反応は，日常誰もが経験している落ち込み，イライラ，不安の高まり，肩こりなどで，それ自体は病的とはいえません。しかし，それが著しくなったり，長期化したりすると，不調が仕事や家庭生活に影響を及ぼすに至り，そうなるとストレス性の健康障害と表現されます。この「ストレス要因→ストレス反応→健康障害」の系に影響を及ぼす因子は，個人要因と緩衝要因に整理ができます。ストレス要因が同程度であっても，個人要因の相違によって，ストレス反応の強さやストレス性健康障害の起こりやすさは異なってきますし，緩衝要因が大きければ，逆にストレス反応が和らげられ，健康障害の生じるリスクが抑えられます。

仕事に関するストレス要因としては，物理化学的環境，役割葛藤，役割の曖昧さ，グループ内およびグループ間対人葛藤，仕事のコントロール（裁量権や技術の活用），量的労働負荷，労働負荷の変動，勤務形態，仕事の将来の曖昧さなどがあげられています。個人要因には年齢，性別，遺伝的素因，性格傾向

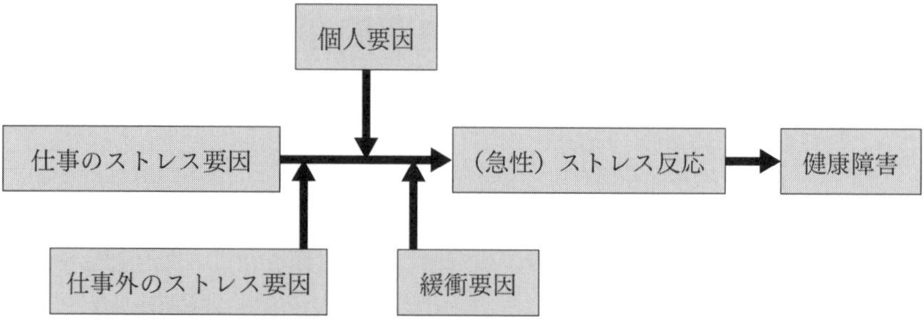

図 3−4　米国国立労働安全衛生研究所（NIOSH）の職業性ストレスモデル（一部改変）

などが，緩衝要因には上司や同僚などの職場関係者，家族からの支援（これらを社会的支援ともいいます）などがあります。

ストレス反応は，生理的反応（全身倦怠感，下痢・便秘，頭痛・嘔気，動悸，頸部や肩の凝りなど），心理的反応（抑うつ気分，不安，緊張，イライラ，意欲低下，集中力・判断力の低下，思考の混乱，意思決定の困難，悪夢など），行動的反応（睡眠困難，摂食面の変化，喫煙量・飲酒量の増加，反社会的行為，協調性の低下，ミスの増加，容姿・衛生面の変化など）に大別することができるでしょう。

(2) 仕事の要求度―コントロール―支援モデル（図 3−5）

仕事に関するストレスを，仕事の要求度（仕事の量，困難さ，役割の重さなど），コントロール度（仕事の手順，時間配分などを自分で決められるかなど），周囲からの支援の三つの軸で評価するモデルです。仕事の要求度が大きく（強く），仕事のコントロール度が低く，周囲からの支援が少ない場合に，ストレスが高まり，健康が脅かされやすいと評価します。欧米で開発されたモデルですが，わが国でも有用性が高く評価されています。

ストレスチェック制度において，職業性ストレス簡易調査票を用いてストレスチェックを行い，その結果を職場単位で集団分析して職場環境を評価する場合に利用される「仕事のストレス判定図」は，本モデルを理論的根拠にしてい

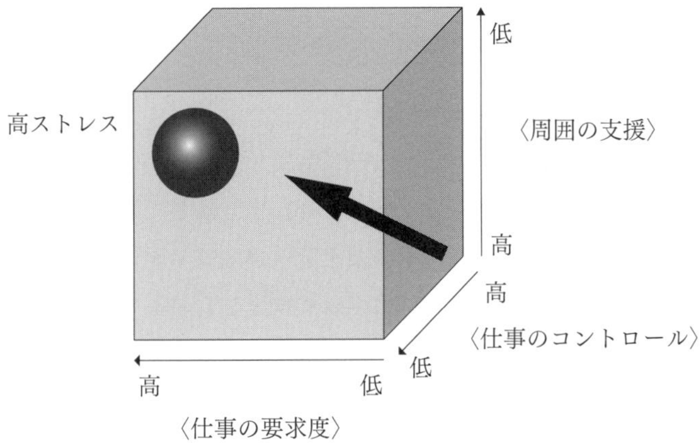

図3−5　仕事の要求度−コントロール−支援モデル

ます。

(3) 努力—報酬不均衡モデル（図3−6）

仕事に関して費やす努力（仕事の要求度，責任，負担など）と，そこから得られるべき，あるいは得られることが期待される報酬（金銭，地位，職の安定性，自尊心など）が釣り合わない状態（高努力／低報酬）で，ストレスが高まると評価します。この関係に影響を与える個人要因として，仕事に傾注する度

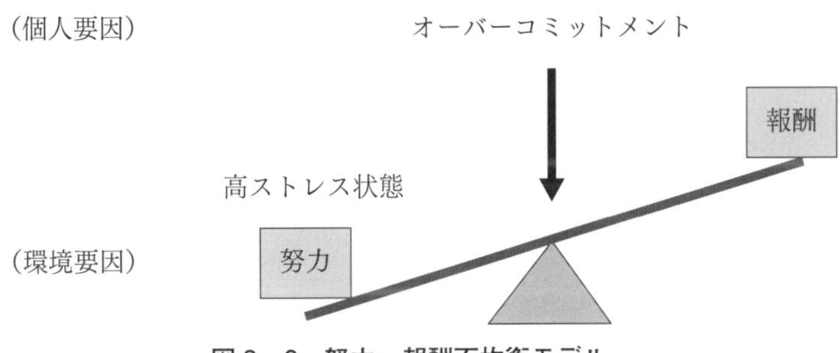

図3−6　努力−報酬不均衡モデル

合いも評価されます。

(4) 仕事の要求度―資源モデル（図3−7）

職場には，健康障害を招くストレス要因だけでなく，労働者自らを成長させ，生産性の向上ももたらすような要素も存在するはずです。こうした職場のポジティブな側面も説明する「仕事の要求度―資源モデル」が提唱されています。産業（組織）心理学の領域で注目されてきました。

本モデルは，仕事の要求度がストレス反応を高め健康障害のリスクを増大させる「健康障害プロセス」と，仕事の機会，上司のコーチング，役割の明確化，仕事の自律性などの組織（仕事）に関する事項と環境調整能力，自己効力感などの個人的な事項を含む「資源」が，仕事に関連するポジティブで充実した心理状態に影響を及ぼし，それが仕事の態度に変化をもたらす「動機づけプロセス」から構成されています。この二つのプロセスは，互いに関連し合っています。なお，この「仕事に関連するポジティブで充実した心理状態」は，ワーク・エンゲイジメントという概念で近年注目され，わが国でも関心が高まっています。ワーク・エンゲイジメントについては，後述します。

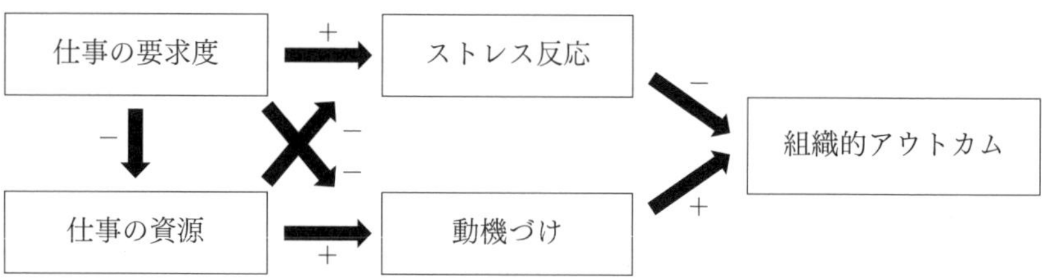

図3−7　仕事の要求度−資源モデル

5. 精神障害等の基礎知識

(1) 精神科診断と診断名をめぐる問題

職場では，健康障害があり，従前の職務の遂行を求められるとその病状が増悪すると容易に推測される例や周囲の労働者に過度の負担あるいは危険が及ぶような例に対しては，就業上の措置（就業制限）がなされるべきことになっています。一般的には，安全配慮義務がその根拠としてあげられますし，健康診断，ストレスチェック制度における高ストレス者および長時間労働者に対する医師による面接指導でそうした例が見つかった場合については，安衛法でも規定されています。就業上の措置を行うにあたっては，多くの場合主治医からの診断書が重要な情報となります。潜在的な問題，業務遂行能力の回復などに関する中長期的な見通しを踏まえて措置の内容が判断されることも多く，そのために診断名がしばしば参考にされます。しかし，精神障害例では，この診断名が職場で混乱を招いているのが実情です。

職場に提出される主治医の診断書には，確定診断とは異なった病名が記されることがあります。その理由としては，確定診断がつかない段階で職場から診断書の提出を求められるため，あいまいな表現にならざるを得ない，確定診断名を記すことで当該労働者が職場で不適切な扱いを受けるのではないかと懸念される，個人情報の保護の点で確定診断名を記すのが躊躇されるといったことがあげられます。

さらに，同じ確定診断名でも，最近職場でみられるメンタルヘルス不調の病像，状態像が，以前とは異なっている面があるとの指摘も多くみられます。

こうしたことから，精神医学や精神医療に精通していない職場関係者にとっては，精神科医による診断名はわかりづらいものに感じられがちであり，診断名だけを手掛かりに，当該労働者の状態を理解しようとすると問題が生じることもあります。

(2) 主要な精神障害

精神医学領域で診断や研究に用いられる精神障害の主な診断基準（診断分類）としては，アメリカ精神医学会による「精神疾患の診断・統計マニュアル (Diagnostic and Statistical Manual of Mental Disorders)」（通常，DSM と略）と世界保健機関（WHO）による「疾病及び関連保健問題の国際統計分類（International Statistical Classification of Diseases and Related Health Problems)」（通常，ICD と略）があります。これとは別に，わが国では，精神科の日常診療において長く使用されてきた病名（用語）があります。診断書の病名には，いずれが記載される可能性もあります。これもまた，上述した診断名のわかりづらさの一因となっています。

ここでは，比較的精神医療の現場で多く使用され，診断書にも記載されることが多い病名を取り上げて簡潔に解説します。

①うつ病

就労年齢にみられる代表的な精神障害といえましょう。わが国でも著増しているとの報告があります。DSM 分類や ICD 分類の「気分障害」の多くを占めており，厚生労働省の「患者調査」の結果では，気分障害の患者が 100 万人を超えています。数の上でも身近な疾病であるといえるでしょう。一時期，うつ病の啓発活動で「こころの風邪」と例えられもしましたが，長期にわたり社会生活に影響を及ぼす恐れがある点，自殺のリスクを高めやすい点などから，決して軽視すべきでないとも指摘されています。著増の原因としては，仕事や家庭におけるストレスの増大，社会全体の閉塞感などに加え，啓発活動による掘り起こし効果や，うつ病の概念そのものが拡大した（以前「神経症」の範疇にあった例の一部が，「うつ病」とされている）こともあげられます。

主な症状としては，興味の減退，抑うつ気分をはじめ，意欲の低下，集中力の低下，思考の遅延，自責感の高まり，疲労の強まり，睡眠困難，食欲の低下などがあります。こうした症状の影響下で，「現在の仕事は自分には荷が重い（あるいは向いていない）」といった思いが強くなることも少なくありません。うつ病を持つ人に，叱咤激励が禁物だといわれるのは，こうした状態を助長，悪化させてしまう恐れがあるためです。

症状は数週間以上にわたって持続するため（短期間で改善する例は，うつ病とは診断されません），仕事や生活に支障をきたすことになります。

昇進後，非常に負荷が大きい時期を乗り切った後，過度とも思えるほどに仕事にのめり込んだ末などに，表面化する場合もあります。

「うつ」「(抑) うつ状態」といった表現もよく使用されますが，「うつ」は単に気分が落ち込んだ状態をさす日常用語，「(抑) うつ状態」はそれよりも程度が強く，一時的でもない状態像です。「(抑) うつ状態」が持続し，上述した他の症状も生じて，職業生活や日常生活にも影響が出ると「うつ病」と診断されます。しかし，実際にはその区別は曖昧に使用される場合も少なくありません。また，「(抑) うつ状態」は，うつ病以外の精神障害や身体疾患，頭部外傷などによっても出現することがありますので，鑑別が重要です。

治療は，通常休養と薬物療法が中心です。最近では，認知行動療法も広く行われるようになっています。再発を繰り返すほど，次の再発が起きやすくなることも知られています。

②双極性障害（躁うつ病）

うつ状態の時期に加えて，躁状態の時期もみられると，双極性障害と診断されます。躁状態では，自信過剰，爽快な気分，誇大的な思考，多弁といった症状が現れます。このような症状によって，それまでにはなかったキャリアに関する相談が，本人から寄せられる可能性もあるでしょう。

双極性障害は，躁状態の程度によって，I型（躁状態が重度）とII型（躁状態が軽度）に分けられます。従来うつ病として治療され，その経過が良好とみなされてきた例の中に，II型双極性障害が含まれていた（軽躁状態が見逃され，むしろ経過良好と判断されていた）という指摘もなされています。他方で過剰診断に注意すべきであるとの警鐘も聞かれます。

うつ病とは異なった治療方法（薬）が行われるため，うつ病との鑑別診断は重要です。II型では，診察場面だけでは軽躁状態をとらえるのが難しい例も多く，職場からの情報提供が確定診断に資することがあります。職場と主治医との連携が，治療にも好影響をもたらす例の一つといえましょう。

③統合失調症

妄想（自分の周囲に盗聴器が仕掛けられているといった被害妄想など），幻覚（他人が自分の悪口を言っているといった幻聴など），まとまりのない会話，緊張の強い行動，情動表出の低下，意欲の欠如などを主症状とします。いくつかのタイプがあるとされますが，いずれも職場では周囲からは理解が困難な言動を繰り返すという形で表面化するのが大半です。

好発年齢は思春期ですが，就業を開始してから病状がはっきりしてくる例もあります。病識（自分が病気，異常であるという認識）が乏しいことも多く，専門医を受診させるのに，本人への説得だけでは難しく，親族の協力を得ねばならない場合もあります。中長期的に治療や生活を支えていく上でも，家族の理解と援助が極めて重要になります。

④不安障害・パニック障害（神経症性障害）

心理的，環境的要因が主因と考えられる精神障害です。不安が主たる症状で，他に恐怖，抑うつ，強迫および様々な身体症状などがみられます。

全般性不安障害は，漠然とした不安が数か月以上にわたって持続します。恐怖症性不安障害では，恐怖や不安は持続的でなく，特定の対象や状況に限定して出現するのが特徴です。パニック障害は，持続的ではありませんが，特定の状況に限定されずに，動悸，息苦しさ，不快感，めまいといった症状が急速に強まる形で出現します。このパニック発作は非常に恐ろしい（不快な）経験であるため，再び発作に襲われるのではないかという不安（予期不安）から，発作が起きそうな状況を回避するようになります。その結果，通勤や会議の出席が困難になるなど，職業生活にも影響をきたすことがあります。強迫性障害は，不合理であるとわかっていながらも，その考えが繰り返し頭に浮かび（強迫観念といいます），それを打ち消すための行為（強迫行為）を繰り返します。汚れが気になり手洗いを繰り返す，施錠や火の始末を何度も確認するといった行為が典型的なものです。重度になると，日常生活に影響をもたらします。

⑤（心的）外傷後ストレス障害（PTSD）

通常の日常生活では体験しないような衝撃的な出来事に遭遇した後，1か月を経ても，心理的な苦痛（意思に反して，出来事やその時の状況が繰り返し頭の中に浮かび上がる），行動面の変化（その体験に関連した事物に対して回避をしてしまう），過覚醒（強い不安，驚愕反応，不眠などを生じる）などが続き，社会生活が障害される病状をさします。定義上PTSDの診断は，衝撃的な出来事から1か月以上経たないと下すことはできず，1週間や2週間での診断は誤りということになります。

なお，大規模災害などでPTSDが話題になることがありますが，そうした災害の後では，PTSDに限らず，様々な精神障害が生じうることに注意が必要です。

⑥適応障害

ある社会環境や出来事に対してうまく適応できないことを主因として，情緒面（抑うつや不安など）や行動面（諍いや反社会的行為など）に様々な強い症状が現れ，その結果職業生活，日常生活に大きな支障をきたすものです。個人的素因，ストレス脆弱性が発症の危険や症状の形成に大きな影響を及ぼしている一方で，ストレス要因がなければ，その状態は起こらなかったと考えられます。

仕事上のストレスにより，メンタルヘルス不調をきたしたように見受けられる（あるいは本人がそのように主張する）例は多く，その場合には「適応障害」とみなされがちですが，症状がそのストレス要因に先行していなかったか（症状のためにストレス要因の影響が強くなり，症状がさらに悪化したようなことはなかったか），他の既往歴がなかったかなどを確認することが重要です。それは，他の精神障害との鑑別に有用な情報となり，治療や適切な対応に寄与します。

治療は，症状が強ければそれを和らげるための薬物療法が行われることもありますが，職場に問題がある場合には職務内容の変更，配置転換などが，個人の側に課題がある場合には，それを克服するための実践的な働きかけが不可欠です。この働きかけは通常医療として行われますが，主治医と職場（産業医など）が連携して，進めることができる面もあります。

なお，職場不適応あるいは職場不適応症という表現もありますが，これは様々な精神障害を背景に持ち，職場適応に支障が出ている状態像であったり，適応障害を特に職場に特化した問題に焦点をあてた視点で論じたものであったりと，意味するところが，使用する者，使用される場面によって多様であることに注意が必要です（第Ⅳ部もご参照ください）。

⑦アルコール依存症（アルコール使用障害）

飲酒のコントロール障害であり，強い飲酒への渇望（精神依存）と飲酒しないことによる手の震え，冷汗，イライラ，不眠といった離脱症状（身体依存）がみられることを特徴とします。重症度が中等度以上になると，立ち直るには断酒しかありません。アルコール依存症には回復はあっても治癒はないといわれます。これは，長い期間断酒しても，再飲酒をしてしまうと，すぐに飲酒がコントロールできなくなり，適度な飲酒を楽しめるという状態には戻れないことを意味しています。

WHOは，アルコール依存症には至らない状態として，有害な飲酒（harmful use），危険な飲酒（hazardous use）という概念を提唱しています。これらを総称して，アルコール使用障害と表現することもあります。

アルコール使用障害では，うつ病をはじめとする他の精神障害との併存も散見されます。それら併存例では，アルコールの問題が見逃されることが少なくないのですが，治療が困難であったり，自殺のリスクがさらに高まったりしがちです。

⑧発達障害

発達障害者支援法では，「自閉症，アスペルガー症候群その他の広汎性発達障害，学習障害，注意欠陥多動性障害その他これに類する脳機能の障害であってその症状が通常低年齢において発現するもの」と定義されています。職場においてみられる主なものとして，自閉症スペクトラム（ASD）と注意欠如多動性障害（ADHD）があります。

ASDには，人とのコミュニケーション，通常の対人関係を持つことが困難であるという特徴があります。興味が限定的で，そのことには大変注力する傾向があります。周囲の音などが過度に気になる（敏感である）のも，特徴の一つにあげられます。この中核にアルペルガー障害があります。知的障害ははっきりしませんが，他人の気持ち，コミュニケーションでは，相手がどう思っているかなどを想像することが苦手です。自分の興味があることには強いこだわりがあるため，一方的に話をする，相手の表情などかまわず，言葉をまくしたてるといった様子がみられます。相手の言ったことの行間（隠された意味）を推察するのが困難です。いわゆるオブラートに包んだような指示では，伝わりにくいといえます。

ADHD は，注意力が散漫で落ち着きがない，多動であるといった特徴を持ちます。職場で確認される代表的な症状としては，音や臭いに対して敏感である，変化に対して過敏な反応を示す，集団行動が困難である，不器用である，同時に複数のことを処理できない，計画的に物事を進められない，落ち着きがない，非言語的なコミュニケーションが苦手である，限定された物事に異常な興味，こだわりを見せるといったことがあげられます。

発達障害に関する理解が進み，就業面でその特徴を踏まえた支援（適正配置など）がなされ，その結果発達障害を有する労働者の備えている能力が十分に発揮されれば，本人のみならず，職場全体にも生産性の向上などの面で，望ましい結果が得られると期待できるでしょう。

しかし，発達障害は，まだ輪郭がはっきりしているとはいえない概念です。上述した特徴の一部は，多くの人に「思い当たる節がある」と感じられるものです。現在，職場でミスの多い人，要領の悪い人，思い込みの強い人，頑固な人などに対して過剰な診断（決めつけ）がなされる傾向もみられます。それは，結果的に当該労働者にも職場にもよい結果をもたらさない可能性があることに注意が必要でしょう。

⑨パーソナリティ障害

一般常識からみて，かなり極端な物事のとらえ方，感情の動き，衝動性あるいは行動のため，本人が苦痛を覚えたり，社会生活上のトラブルが生じたりする例を指します。対人葛藤を生じやすく，ストレス耐性の低さも相まって，職場不適応をきたしやすいといえます。かつては，人格障害とも呼ばれていましたが，「人格」という表現が品格，倫理・道徳観を連想させ，そこに本質的な問題があるかのようにみなされることなどから，名称変更がなされています。

パーソナリティ障害には，いくつかの分類がありますが，DSM–5では10種類の特定のパーソナリティ障害があげられ，それらはA群～C群に分けられています。A群は奇妙で風変わりな印象を持たれることが多い，B群は演技的，情緒的で移り気に見えることが多い，C群は不安あるいは恐怖を感じているように見受けられることが多いという類似性を持ちます。

多くのパーソナリティ障害への対応の原則は，可能な支援，関わりの範囲をはっきりさせ，客観性，適度な距離感を保つこと（本人のペースに巻き込まれないこと），説明を明確に行うことです。

⑩睡眠障害

睡眠は，身体疾患を含む様々な健康障害によって影響を受けるため，健康のバロメーターとしても機能しますが，逆によい睡眠がとれないことは，うつ病などの危険因子となるとの報告が数多くあります。

睡眠時無呼吸症候群は，日中の眠気をもたらし，産業事故などの原因となりうることがよく知られています。ナルコレプシーは，会議中など重要な場面においても突然睡眠発作が出現するのを特徴とします。本人の睡眠・覚醒スケジュールが，その環境にふさわしい睡眠・覚醒スケジュールと同期しないため，結果として不眠や過眠の訴えが生じる例を概日リズム睡眠（・覚醒）障害といいます。

(3) 生活習慣とメンタルヘルス不調

メンタルヘルス不調の一部は，生活習慣の影響を強く受けていることが指摘されています。特に，睡眠，休養，運動，飲酒などは，メンタルヘルス不調の防御因子にも，増悪因子にもなりえます。業種によっては，意識的に取り組まなければ適正化が難しいところもあります。交代制勤務あるいは不規則勤務が避けられないような業種における睡眠，長時間にわたる固定された場での座作業を強いられる職種における運動，商談などで飲酒機会の多い職種における飲酒などがそれに該当するでしょう。

したがって，メンタルヘルス教育（セルフケアの教育）で適切な生活習慣の確立とその維持に多くの時間を割くことには意義があると考えられましょう。

(4) キャリアカウンセリングと精神障害

精神障害を有する者のキャリアカウンセリングでは，カウンセラーが事前に来談者の病歴について情報を得ている場合と，カウンセリングを進めていく中でそれが判明する場合が考えられます。

いずれの場合も，本人が口にする病名をあまり重視しすぎず，これまでどのような症状，困難を経験してきたのか，それはどのような状況下で強くなったり弱くなったりしたのか，どのくらい繰り返されたのかといった点を詳しく聞き取るほうがよいでしょう。それは，病名を軽視するという意味ではありません。精神障害の既往を有する来談者に対しては，それが再燃，再発しないような配慮をすべきですから，病名はキャリアの選択にあたって重要な情報です。しかし，主治医の診断書と同様で，本人が告げる病名は必ずしも正しい確定診断名とは限りません。また，同じ病名でも，望ましい配慮が異なることも少なくありません。本人の言動が精神障害に起因する症状の影響を受けていないかにも注意し，その可能性が高い場合には，カウンセリングを一時的に中断したり，主治医との連携を図ったりすることが求められます。

本人は自発的に語らないものの，おそらくは精神障害の病歴を有していると推測できる場合もあるでしょう。そうした例では，報告を無理強いするのではなく，キャリアを考えるにあたって，精神医療の関係者と相談することの重要性を示唆するような対応が望まれるでしょう。

6. 職場のメンタルヘルス対策の概要とそのあり方

職場で実践される主なメンタルヘルス対策としては，具体的には以下のものがあげられます。

(1) 相談対応

産業医の出務回数が多い，または産業看護職や公認心理師などの心理職が勤務している事業場の多くでは，定期的な，あるいは随時の個別相談活動が行われています。管理監督者に対する教育・研修が実施されると，彼らからの部下に関する相談が増加します。

個別の相談対応を事業場内で実施する場合は，その枠組みを明確にすることが重要となります。その一例を表3－12に示しました。

事業場内で産業保健スタッフが相談対応を行う場合，こうした相談対応は産業保健活動（安全衛生活動）の一環とみなされるのが普通です。独立開業のカウンセリングルームなどとは，性格を異にします。したがって，枠組みもそれに沿ったものにすることが望まれます（事業場外の機関あるいは個人が福利厚生事業として委託され実施する場合は別です）。

事業場内で相談対応を行う場合の利点としては，当該労働者（来談者）に関する情報を入手するのが容易であること，持ち込まれた悩みや問題によっては上司や人事労務管理スタッフとの連携によって容易に解決できる可能性があることなどがあげられます。その際には，相談で得られた情報の一部を職場関係者と共有する必要も生じるため，事前に本人の了解を得ておくべきです。

相談の過程で，そのまま放置すると本人や周囲に危険や大きな不利益が及ぶ

表3－12　職場における相談対応に関する枠組み

決めていくべき事項	一般的に望ましい例
相談対応の主な範囲	仕事に関する事項が中心
情報管理（共有）	産業医等には概要を報告
場所，時間	事業場内，就業時間内
1回あたりの時間	1時間を上限とする
記録	定められたフォーマットに記入
保存	一定期間事業場内で保存
担当者の要件	一定の産業保健の知識と面接技術を有すること，事業場の実情を熟知していること
担当者の教育研修	定期的に適切な研修を受講

可能性が明らかになった場合にも，産業医などとその情報を共有し，対応を図る必要があります。それを行わないで，例えば同僚に危害が加えられるようなことがあれば，大きな問題となりかねません。

(2) 職場復帰支援

メンタルヘルス不調により休職した労働者は，職場復帰を果たしても短期（例えば，数か月～１年）のうちに症状を再燃させ，再休職に至ることが少なくありません。それを少しでも抑止するために，職場で適切な職場復帰支援活動を進めることは，有意義な活動といえます。ここでは，既述した復職支援手引きに沿って，支援の流れをまとめます。

①第１ステップ（休業開始および休業中のケア）

職場復帰支援は，当該労働者が主治医からの休職に関する意見書が提出された時点から開始されるべきです。休職中の支援内容としては，まず本人が不要な心配や不安を抱かぬよう，また家族や親族が安心して本人の支援ができるよう，職場から休職および職場復帰に関する社内の諸制度（休業可能期間，休業中の補償などを含む）をわかりやすく伝えることがあげられます。必要に応じて，国や地方自治体の公的支援制度（高額療養費制度，自立支援医療制度，市町村の精神保健事業，精神障害者保健福祉手帳制度，障害年金制度）に関する情報を提供するのも望ましいといえましょう。また，この時点で，本人を通して，主治医と連絡をとることも重要です。主治医に休職前の本人の仕事ぶり，職場の実情や復職に関する社内制度の概要を伝えることによって，主治医からより復職に関する現実的な意見を得られやすくなることが期待できます。

②第２ステップ（主治医による職場復帰可能の判断）

病状が回復し，本人から職場復帰を希望する意思表示が出されるのが次の段階です。休職期間が長引いても，職場関係者が職場復帰を強いるのは適切ではありません。本人からの職場復帰の希望を受けて，職場は主治医からの復職に関する意見書の提出を求めることになります。この書面には，病状の経過と回復の程度に加え，望ましい就業上の措置，職場で特に留意すべき点などを，できるだけ具体的に記述してもらいます。

③第３ステップ（職場復帰の可否の判断および職場復帰支援プランの作成）

職場復帰の可否判定を行い，可能と判断された場合には，職場復帰プランを策定する段階で，職場復帰支援の中核ともいえましょう。

主治医からの意見書の内容を確認した上で，当該労働者本人と面接を行います。この役割は，産業医が選任されている職場（労働者数が50人以上の職場では選任が必要）では，通常産業医が担います。また，復帰予定職場の状況を調査し，受け入れ準備ができているかどうかを確認します。復帰先職場は，休業前のもとの職場とするのが原則です。当該労働者にとって，慣れた職場環境で仕事を再開するのが最もストレスが抑えられると考えられるからです。しかし，当該職場における人間関係や，そこで仕事をする限り避けては通れない業務によるストレスが不調をきたす主因となっている例などでは，職場異動も考慮されるべきです。事業場によっては，産業医，人事労務管理スタッフ，上司などが一堂に会する復職判定会議の類を設けているところもあります。

どの程度の回復をもって職場復帰を認めるのが妥当かについては，事業場の諸事情に加えて，当該労働者の職位，職種などによっても異なってきますが，労働者によって不公平感が生じないように，おおよその目安を内規などで決めておくことが勧められます。「症状がほぼ消退していること（あるいは，残存していても，周囲に影響を与えないように自己コントロールができること）」と「通常勤務の出退社が無理なく可能であること」は，多くの職場に共通する必須要件といえるでしょう。短期間で再休職に至る要因として，復職時にまだ十分な回復が得られていなかったことが，多く指摘されていることから，職場復帰の時期は慎重に決定すべきです。

職場復帰可能と判断された場合には，復帰日，仕事の内容などを具体的に検討することになります。職場復帰の時期や復帰後の仕事の内容について，本人の希望や主治医の意見は参考にすべきですが，必ずしもその通りにしなければならないわけではありません。職場関係者の間でも十分に検討がなされるべきです。

復職後しばらくの間，就業上の措置（定時勤務，業務負荷の軽減など）は，ほとんどの休業例で不可欠です。この措置は，職場側の配慮にあたりますが，別の見方をすると，就業制限でもあります。職場で決められた配慮によって，本人のストレスが軽減されるとばかりはいえず，逆に仕事のやりがいを奪われたように感じたり，周囲に引け目を覚えたりして，ストレスが高まる可能性もあるでしょう。しかし，本人が希望したからといって，希望通りに仕事の負荷を急にもとに戻すと，症状の再燃するリスクが高まることも多いものです。

抗うつ薬をはじめとする向精神薬は，症状の再燃・再発を防止するために，職場復帰後も服薬を継続すべきであることが多いため，それらが眠気，判断力・集中力などに及ぼす影響についても，特に車両・重機の運転など危険を伴う業務では慎重に検討すべきです。

④第４ステップ（最終的な職場復帰の決定）

職場復帰が可能と判断され，復帰日，復帰する職場，就業上の配慮などを含む職場復帰プランが決まったら，それを書面にして一同で確認し，主治医にも伝えます。

就業上の配慮によって，就労の仕方や職務内容が休業前と大きく変わる場合（例えば，１か月間半日勤務とする）には，その間の給与や賞与を減額するという対応も考えられ，それにはやむを得ない面もありますが，あらかじめ就業規則などに定めておく必要があります。また，その変更は合理的な範囲に留めるべきであるとされています。

⑤第５ステップ（職場復帰後のフォローアップ）

職場復帰後のフォローアップの目的は，当該労働者が病状の再燃・再発をきたさずに，あるいはそれがみとめられても，早期の適切な対応によりその職務遂行能力を順調に高め，本人が職場再適応を果たすのを支援するところにあります。メンタルヘルス不調では，再休職が多くみられるため，このステップも重要になります。上司，人事労務管理スタッフ，産業保健スタッフが，相互の連携を図りながら，主治医にも理解を得ながら，各々の立場からの支援を継続していくことが求められます。

職場復帰時に策定した職場復帰支援プランが順調に進んでいるかどうかを確認し，もしそれがうまくいっていなければ，原因や問題点を明らかにして，再度プランを見直す必要があります。受け入れ職場内のストレスが高まっていないかどうかを確認し，必要に応じて上司などの相談対応を行うことも望まれます。

職場復帰支援手引きでは，長期に休業した労働者に対して，正式な職場復帰前（休業中）に，通勤の練習，単純作業，その他負荷の軽い作業を行わせる制度を「試し出勤等」とし，内容によって，①模擬出勤，②通勤訓練，③試し出勤に分類しています。

この制度の導入に当たっては，当該期間の処遇や災害が生じた場合の対応，人事労務管理上の位置づけ等について，あらかじめ労使間で十分に検討しておくとともに，一定のルールを定めておく必要があります。なお，作業について使用者が指示を与える場合や，作業内容が業務（職務）に当たる場合などには，休業中であっても労働基準法等が適用される場合があることに留意する必要があります。さらに，これらの制度が事業場側の都合でなく労働者の職場復帰をスムースに行うことを目的として運用されるようにしなければなりません。なお，この「試し出勤」の類語として「リハビリ勤務」などがあり，主旨や内容が異なるもの（例えば，正式な職場復帰後に行う，作業能力の向上を狙いとする）もあります。何を目的とするかによって，当然期間，作業内容，結果評価などが異なってきます。

最近では，事業場外資源によるリワークプログラムが注目を集めています。リワークプログラムとは，在職精神障害者の職場復帰支援プログラムの通称で，現在各都道府県の地域障害者職業センターにおいて実施されています。障害者職業カウンセラーおよびアシスタントが，主治医，当該労働者の職場関係者と連携しながら，数か月に及ぶ支援活動を行うものです。状況によって，職場に出向いてその受け入れや上司・同僚の理解促進に関する助言・支援を行うところにも大きな特徴があります。内容は，①社会生活リズムの再構築，基礎体力，集中力の回復，②障害の理解，ストレス，疲労の自己管理の習得，③コミュニケーション方法の習得，④職場復帰後の新たな職務や環境に対する対応力の向上，⑤キャリアプランの再構築が中心です。

民間医療機関でリワークプログラムを実施するところも増加しています。全国規模の組織（一般社団法人日本うつ病リワーク協会）も発足し，プログラムの効果評価を行って，その結果を公表するとともに，標準的なプログラムについても検討を進めています。

その他，民間団体でも，類似の復職支援プログラムを実施しているところがあります。

(3) メンタルヘルス教育

教育・研修は，メンタルヘルス対策の中でも，古くから広く実施されている活動の一つです。労働者全体に対する教育と，管理監督者（経営層を含む場合も）を対象とした教育があります。前者は労働者が自らのストレス状態に気づき，それへの適切な対処ができるようになることを，後者は管理監督者が職場環境の改善と望ましい部下管理を行うことを主な狙いとします。それぞれ，メンタルヘルス指針で示されている「セルフケア」と「ラインによるケア」を推進するための取り組みです。メンタルヘルス指針では，これらの教育に盛り込まれることが望ましい事項が列挙されています（表3－13，14）（メンタルヘルス指針では，これらを支える産業保健スタッフの教育も取り上げています）。

表3－13　労働者（全体）に対する教育研修：メンタルヘルス指針に記された事項

□ メンタルヘルスに関する事業場の方針	□ ストレスの予防，軽減およびストレスへの対処の方法
□ ストレスおよびメンタルヘルスに関する基礎知識	□ 自発的な相談の有用性
□ セルフケアの重要性および心の健康問題に対する正しい態度	□ セルフケアの方法
□ ストレスの気づき方	□ 事業場内の相談先および事業場外資源に関する情報

表 3－14　管理監督者に対する教育研修：メンタルヘルス指針に記された事項

□ メンタルヘルスに関する事業場の方針	□ 心の健康問題により休業した者の職場復帰への支援の方法
□ 職場でメンタルヘルス対策を行う意義	□ 事業場内産業保健スタッフ等との連携およびこれを通じた事業場外資源との連携の方法
□ ストレスおよびメンタルヘルスに関する基礎知識	□ セルフケアの方法
□ 管理監督者の役割および心の健康問題に対する正しい態度	□ 事業場内の相談先および事業場外資源に関する情報
□ 職場環境等の評価および改善の方法	□ 健康情報を含む労働者の個人情報の保護等
□ 労働者からの相談対応（話の聴き方，情報提供および助言の方法）	

教育・研修の形式としては，一方的な講義（解説），小グループによる特定の課題に関する討議，相談対応のロールプレイ，仮想事例の対応シミュレーションなどがあげられます。また，最近ではイントラネットなどを活用した教育・研修も増加しています。外部機関による Web を用いたものも広がっていくことが予想されます。

(4) 職場環境等の改善

職場環境等の改善の意義

職場の有害因子を軽減することによって労働者の健康障害を防止することは，事業者責任として，優先順位が高い取り組みです。既に触れたように，職場のストレス要因は多種にわたります。メンタルヘルス指針では，それらを包含した用語として，「職場環境等」が用いられています。したがって，この場合の「職場環境等」には，職場の諸制度や組織体制，指示命令系統，人間関係なども含まれることになります。なお，安衛法の第 1 条に，その目的として，

「労働基準法と相まって，労働災害の防止のための危害防止基準の確立，責任体制の明確化及び自主的活動の促進の措置を講ずる等その防止に関する総合的計画的な対策を推進することにより職場における労働者の安全と健康を確保するとともに，快適な職場環境の形成を促進すること」があげられていますが，これも同様に解釈することができます。

職場環境等の評価方法

職場環境等の改善のためには，現状の評価を適切に行うことが必要です。その方法として，質問紙やチェックリストの類がよく使用されます。

ストレスチェック制度の解説でも紹介しましたが，職業性ストレス簡易調査票の結果を，職場ごとに集団分析することによって，職場単位の職場環境良否，特徴を把握することが可能です。その結果をもとに，職場関係者間で意見交換を行い，改善活動を進めることができます。ただし，その場合には，調査票の結果だけに依拠するのではなく，他の活動から得た情報も併せて評価を行うべきです。

職場環境等の改善活動を主目的として開発されたチェックリスト，質問票の類としては，メンタルヘルスアクションチェックリスト，メンタルヘルス改善意識調査票（MIRROR）があります。いずれも，現場の労働者の見方や意見を重視し，労働者が職場環境改善を自らの課題ととらえて，主体的に取り組むことを補助するものです。いわゆるトップダウン式の活動に加え，こうした現場解決型の活動を推進していくことが，職場環境活動の主流となりつつあります。

(5) 自殺予防の考え方

大規模な事業場であっても，そこに在籍する労働者の自殺はかなりまれな出来事といえましょう。しかし，自殺は実際に発生すると周囲の者に多大な心理的影響を与えます。家族や親族はもとより，上司や同僚などの職場関係者の間でも，ストレスが高まり，メンタルヘルス不調などが生じることもあります。

自殺対策は，プリベンション（prevention：事前対応），インターベンション（intervention：危機介入），ポストベンション（postvention：事後対応）の三つに分けられます。職場においても，この分類に沿って対策を考えていくことができます。

プリベンションとしては，精神障害の罹患者，重大な喪失体験（重症の傷病，近親者の死，地位の失墜など）を経験した者など自殺のリスクが高いと考えられる集団を対象とした働きかけや，自殺問題に関する一般的な啓発活動などがあげられます。職場では，ストレス要因のような自殺のリスクを高める可能性がある要素が注目されがちですが，その抑止効果を期待できる要素もあります。仕事に対するやりがい，職場関係者の相互支援（支え合い）がその代表例といえましょう。こうした面を高めるような働きかけも軽視すべきではありません。

インターベンションは，希死念慮を口にするなど，自殺の危険が特に高まっている者への個別対応（保護）をさします。職場でそれを把握しやすいのは，産業保健スタッフよりも，労働者一人ひとりと日々顔を突き合わせて仕事をしている管理監督者であるところが多いでしょう。したがって，適切なインターベンションがなされるためには，産業保健スタッフの知識・技術の向上に加え，管理監督者に対する教育研修が重要となります。ラインによるケアのため

表3－15　希死念慮を打ち明けされた際の対応（原則）

- 真剣に話を聴く
- 言葉の真意を聴く
- できる限りの傾聴をする
- 少しでも助けになりたいという思いを伝える
- 話題をそらさない
- 十分に傾聴した上で自殺以外の選択肢を示す
- キーパーソンと連携する
- 専門医受診を促す
- 一人にしない
- 「自殺しない」契約（約束）をする

の教育・研修に，部下から企死念慮を打ち明けられた場合の対応法（表3－15）を盛り込むことが考えられます。

ポストベンションは，自殺者の周囲の遺された人々に対する支援です。職場では，自殺した労働者の上司，同僚，親交の深かった他の職場関係者が対象となります。彼らに及ぶ心理的影響をできるだけ緩和することを目的とします。一般的には，職場に当該労働者やその自殺の経緯などに関して誤った情報や流言の類が広がるのを防止すること，上記の該当者を注意深く見守り，必要に応じて声をかけて話を聴き，体調や心理面の変化を確認することが重要です。

平時には，自殺対策を実施しようとしても，それ単独では現場に受け入れられにくいのが実情です。プリベンション，インターベンションの考え方は，他のメンタルヘルス対策の中に入れ込む形で周知するのがよいでしょう。

(6) 職場における精神障害のスクリーニングについて

うつ病をはじめとする精神障害やメンタルヘルス不調の早期発見のため，職場でスクリーニングテスト（疑われる者をふるい分ける検査）を実施してはどうかという議論が起こることがあります。それに利用できるツールとしては，精神科領域の疫学調査などで用いられる質問票がいくつか存在します。

しかし，現在のところ，そうしたスクリーニングテストを全国規模で一律に実施すること（例えば，法制化すること）に対しては，反対意見が多くなっています。精神障害に対する誤解や偏見はまだ払拭できているとはいえず，そのような状況下で安易に検査を行えば，陽性（精神障害の疑いあり）と判定された労働者が不当な扱いを受ける可能性があります。また，スクリーニングテストには，どれほど優れたものであっても，偽陽性（この場合，精神障害の疑いありと誤って判定されること）が必ず発生します。スクリーニングテストの陽性者に対して二次検査（診断を確定させるために面接）をすることのできない事業場（数多いと推測されます）では，この偽陽性群も含めた陽性者が近隣の精神科医療機関に紹介される可能性が高いでしょう（放置されるのは大きな問題です）。しかし，それに対する受け皿は現状では十分とはいえません。受診後の対応に関して，職場と精神科医療機関とが円滑な連携が図れるような地域のネットワークも，明らかな地域差があります。

実は，ストレスチェック制度も，発端は自殺者数の高止まりに対して，職場でうつ病のスクリーニングができないかという厚生労働大臣の発言にありました。それが現実的でないという多方面からの指摘によって検討，修正が加えられて現在の形になった経緯があります。

(7) 地域資源等との連携

慢性的に経過するメンタルヘルス不調を有した労働者が，持っている業務遂行能力を十分に発揮し，中長期的に安定した就労を続けるためには，地域の精神医療に関するサービスを有効に活用することが有用となる場合が少なくありません。既に紹介したリワークプログラムはその一つです。今後，障害者雇用が推進され，精神障害を有する者にも労働の場が広がれば，この重要性はさらに高まっていくでしょう。

厚生労働省は，労働者のメンタルヘルスに関する情報を集約して紹介するWeb サイト「こころの耳」を開設しています。ここからも，キャリア支援に活かせる多くの情報を入手することができます。

7. 職場のメンタルヘルス対策に関する新しい潮流

今後これまで以上に注目され，職場における課題となっていくと推測される事項で，職場のメンタルヘルスに関連するものを紹介します。

(1) プレゼンティーズム

健康障害による欠勤（アブセンティーズム：absenteeism）が職場の生産性に影響を及ぼすことはいうまでもありません。これに加えて，最近プレゼンティーズム（presenteeism）の問題が注目されています。プレゼンティーズムとは，何らかの疾患や症状を抱えながら出勤し業務遂行能力や労働生産性が低下している状態をさします。プレゼンティーズムは二つに分けられることがあります。一つは，体調不良，健康状態の不調に伴う生産性の低下した状態を意味するもので，もう一つは体調不良の状態で本来は休むべきであるにもかかわらず出勤している状態あるいはそのような行動をさすものです。これは，sickness presenteeism もしくは presence と称される場合もあります。前者は，生産性の低下が強調されているのに対して，後者はある種の健康リスクという観点でのとらえ方ともいえましょう。わが国では，主として前者の観点で，経営上のコスト面からみると，プレゼンティーズムによる企業の損失は欠勤よりもはるかに大きいという現実が再認識されています。メンタルヘルス不調は，プレゼンティーズムをもたらす主な健康問題に数えられます。その対策は，欠勤を減らすだけでなく，業務効率の低下を防止するという視点も求められるところです。

(2) ワーク・エンゲイジメント

ワーク・エンゲイジメントとは，仕事に関連する前向き（ポジティブ）で充実した心理状態をさします。「特定の対象，出来事，個人，行動などに向けられた一時的な状態ではなく，仕事に対しての持続的かつ全般的な感情と認知」と定義されています。活力，熱意，没頭の３要素で構成されます。バーンアウト（燃え尽き）やワーカホリズム（仕事中毒）とは，図３−８のような関係にあります。

ワーク・エンゲイジメントは，労働者がメンタルヘルス不調に陥らないというだけでなく，高い活力を維持して仕事に対して積極的な姿勢で取り組む状態を評価する点で，人事労務管理的な視点を持っているといえましょう。既に紹介した「仕事の要求度―資源モデル」は，ワーク・エンゲイジメントを組み入れたものともいえます。

ワーク・エンゲイジメントは，メンタルヘルス対策が生産性の向上に寄与する方向性を持ちうるという考え方に通じ，経営層にも受け入れられやすいものです。実際に次に紹介する「健康経営」に取り組む企業の多くが，活動のキーワードにあげています。

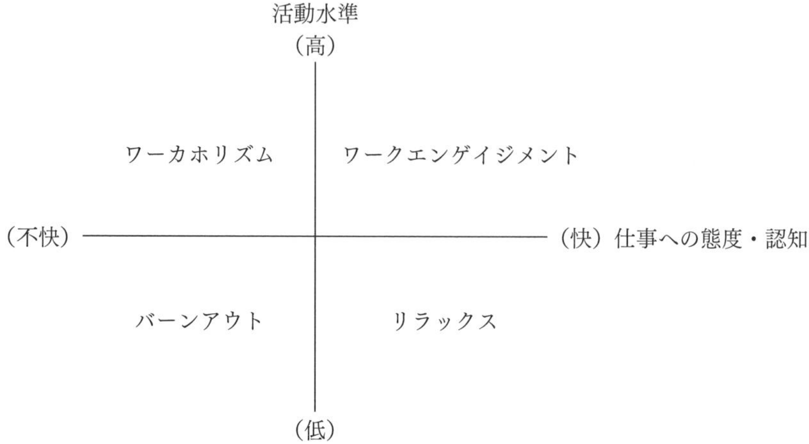

図3−8　ワーク・エンゲイジメントとその関連概念との関係

(3) 健康経営

健康経営とは，労働者（従業員ら）の健康管理を単なるコストではなく経営課題としてとらえ，その実践を高い水準で図ることにより，労働者の健康の保持増進と組織の生産性向上を目指すものです。従業員の健康と生産性の向上を結びつける「健康経営」に対しては，多くの企業が目を向けるようになっています。新型コロナウイルス問題によって，ある程度の影響は受けましょうが，その傾向は続くものと予想されます。コラボヘルスなどの活動も含め，広がりを期待したいところです。

経済産業省は，2014年から東京証券取引所と共同で，東京証券取引所の上場企業で健康管理を健康経営の視点でとらえ，戦略的に取り組んでいるところを「健康経営銘柄」として選定し，公表しています。また，健康経営に熱心な企業を国（経済産業省）が顕彰する「健康経営優良法人認定制度」を設けています。大規模法人部門と中小規模法人部門に分けられ，大規模法人部門における法人の上位500社を「ホワイト500」として認定しています（日本健康会議が認定しています）。こうした健康経営の動向は，メンタルヘルス対策の推進や方向性に影響を与えると考えられます。

(4) 大規模災害への対応

この四半世紀にわが国は，阪神淡路大震災，東日本大震災およびそれに伴う東電第一原発事故，さらには新型コロナウイルス感染症の流行など，数多くの災害の類を経験してきました。その中で，被災地域，影響が大きかった企業では，職場環境や仕事の変化を主因として，少なからぬ労働者がうつ病やPTSDなどを発症したとの報告が数多くみられました。

今後も予想できない危機的な状況が発生する可能性はあります。企業はそれを乗り越えて存続していかねばなりません。そのためには重要な業務が継続できる方策を用意し，生き延びることができるようにしておくための戦略を記述した計画書が必要となります。これを事業継続プラン（Business Continuity Plan：BCP）といいます。BCPには，労働者の心身の健康にも配慮した内容が求められます。一般に，災害時および災害後には，被災者は以前とは異なった住・職場環境下におかれ，生活習慣の大幅な変化やストレスの高まりを経験することが多いと指摘されています。これらは，メンタルヘルス不調をもたらしかねません。それを予防するための方策がBCPに盛り込まれる必要があります。

(5) ハラスメント問題

職場で問題視されるハラスメントには，パワーハラスメント，セクシャルハラスメントをはじめとして，いくつかの種類がありますが，いずれも組織人として望ましくない言動を起こすものであるため，基本的には人事労務管理の問題として扱われるべきです。しかし，それらには健康問題が関係していることも多いため（表3−16），産業保健スタッフの関与も求められがちです。しかし，ハラスメント問題イコール健康問題であるかのような体制（例えば，産業保健スタッフを相談窓口とする）は，勧められません。

ハラスメントへの適切な対応には，事態の多面的な評価が不可欠であり，産業保健スタッフが関与する場合にも，他の関係者との協働が求められます。また，起きてしまうと，関係性の修復が困難な例が多く，未然防止対策が重要です。

表3－16　ハラスメントとメンタルヘルス不調との関連（主要なもの）

- ハラスメントが強いストレス要因になり，被害者がメンタルヘルス不調に陥る
- メンタルヘルス不調のために仕事の効率が低下したり，人間関係が影響を受けたりすることにより，ハラスメントを受ける
- メンタルヘルス不調に起因する症状（妄想，攻撃性の高まり，イライラなど）により，ハラスメントに該当する行為を行ってしまう（加害者になる）
- メンタルヘルス不調を有することが周囲に知られ，それを機に（偏見などにより）ハラスメントを受ける
- メンタルヘルス不調のために，第三者にはそのように感じられない言動に対して（過敏に）ハラスメントであるかのように感じてしまう

(6)　女性の労働とワーク・ライフ・バランスなど

女性の社会進出が進み，「女性の職業生活における活躍の推進に関する法律」（女性活躍推進法）にも後押しされて，多くの事業場で労働者に女性の割合が増えています。管理職に登用される女性も増加傾向にあります。女性の労働に関するこの変化は，割合が高くなることで見えてくる問題もありそうです。

女性の感じる仕事や職業生活におけるストレスは，男性のそれと少し異なる面があることも知られています。厚生労働省による労働安全衛生調査では，仕事や職業生活に関する強いストレスの要因として，対人関係，役割・地位の変化等，会社の将来性といった問題をあげている割合が，男女間で大きく異なるという結果が得られています。職場環境等の改善に関する取り組みも，これまで以上に，そうした点への留意が求められるようになるでしょう。

ワーク・ライフ・バランスもまた，わが国の労働に関する大きな課題ですが，そこではスピルオーバーとクロスオーバーに着目する必要があります。スピルオーバーとは，仕事と家庭のどちらかの役割に従事することにより生じる

状況が他方の役割に影響を及ぼすことです。これには，ポジティブな面（気分，技能などが他の役割にも影響して，その質が高まるなど）とネガティブな面（介護のために仕事に制限が生じる，仕事のために子供と接する時間が短くなるなど）があることが指摘されています。女性が家事の多くを担うという役割が変わらなければ，スピルオーバーにより，男性よりもストレスが高まりやすい可能性があります。クロスオーバーとは，配偶者や同僚など身近な人に影響が及ぶ，あるいはその人たちから影響を受けるという伝播をさします。クロスオーバーによって，当事者である女性労働者に限らず，その配偶者である男性労働者のストレスにも変化が生じる点にも留意が求められるでしょう。

さらに性的少数者あるいはLGBTなどと表現される人たちへの対応も徐々に議論が始まっています。そこで本人あるいは周囲に生じるストレスについても，今後の課題といえましょう。

III

働く人のキャリアとメンタルヘルス問題への支援の実際

本章に掲載している事例の内容については，
核心を損なわない範囲で改変を施しています。

CASE 1

過重労働などによりメンタルヘルス不調をきたした事例への産業保健スタッフの支援

1. 事例の概要

A氏，44歳男性。同僚（先輩）T氏からの紹介で，健康管理室を訪れました。T氏は，以前に持病の頭痛に関して保健師に相談し，親身に助言を受けた経験があったのでした。A氏の健診結果は，血清総コレステロール値が基準よりやや高い以外特に問題がなく，保健師の印象も薄かったようです。

入社以来，健康診断関係以外では初めて健康管理室を訪れたA氏は表情に活気がなく，終始うつむき加減で，保健師からの問いかけに，ぼそぼそと答えました。T氏によると，以前から闊達なほうではありませんでしたが，最近の元気のなさはこれまでとは違う印象を持ち，「メンタル面」で弱っているのではないかとのことでした。

A氏は，自身の体調と仕事について，朝強い倦怠感があり，それが終日持ち越される，頭がぼーっとして考えが進まない，目の前の仕事が多く，どこから手をつければよいのか困惑しているうちにさらに仕事が増える，これまでにあまり経験のないことで，体調不良が仕事にも影響をきたしているため，どうすればよいか助言をもらえればありがたいと語りました。最近，熟睡感がなく，朝方早くに目が覚めてしまう日が多いこともわかりました。残業時間を問うと，毎日20時までは職場に残っており，遅い日は21時を過ぎての退社になると答えました。通勤時間は1時間15分ほどであるため，自宅に着くのは早くて21時30分頃になっていました。休日出勤はしていませんでした。

保健師は，事業所の近くのメンタルクリニックの受診を勧めましたが，A氏はもう少し様子をみたいと尻込みしました。そこで，月2回来所している産業医に報告の上，睡眠時間の確保には努めるように伝え，当面1週間ごとの面接でフォローアップをすることにしました。

面接を重ねる中で，A 氏の父親は，車で自宅から 2 時間ほどの隣県に住んでいますが，半年ほど前に脳卒中で倒れ，それ以降車椅子が離せない生活になっていることがわかりました。父親と同居している母親も高血圧や腰椎症などの持病を持っているため，週末には兄，姉と交代で身の回りの世話をしに行っているとのことでした。A 氏の妻は，日中仕事を持っており，一人っ子である長男の中学受験のため，塾の送り迎えなどに時間を費やして，両親の世話まで手が回らないようでした。

保健師は，上司はこの現状をわかっているのかを尋ねました。直接はっきりとは報告していないし，上司は不定期の出張が多く，打ち合わせなどもあまり時間をかけてする機会がないため，おそらく十分には理解されていないだろうとのことでした。

2. 産業保健スタッフの支援

保健師は，業務負荷の増大がストレスを高め，メンタルヘルス不調を招いているのではないかと推測しました。そうだとすると，不調を改善するには，本人の努力だけでは難しく，上司や人事労務管理部門との連携による業務負荷の軽減が必要となります。保健師は，本人の承諾を得た上で，あらためて産業医に相談しました。産業医は直接本人と面接をして，保健師から伝達された状況を確認し，まず上司との連絡を試みました。

A 氏の職場はプロジェクト制を敷いており，A 氏には事実上 3 名の上司がいることがわかりました。そのため，産業医は，人事労務管理部署に連絡をとり，業務の負担が軽減するよう上司間の調整ができないかを打診することにしました。人事労務管理部署が上司 3 名に問い合わせたところ，A 氏の業務は全体として通常のそれと大きく異なってはおらず，むしろこの 2 週間くらいはピークを越え落ち着いていることが判明しました。さらに，3 名とも口を揃えて，A 氏の担当業務に対する能力が不足し，そのためにプロジェクト全体の動きが滞りがちになってしまうため，周囲の者にサポートをさせている実態を話しました。A 氏のメンタルヘルス不調は，必ずしも業務負荷の増大によるものとはいえない可能性があるようでした。

産業医は，いずれにせよ A 氏の不調は医療的介入を必要とする状態であると判断し，専門医受診を強く勧めました。3 日後，A 氏は近隣のメンタルクリニックを受診し，1 か月間の休業診断書が出されました。

3. 支援のポイント

メンタルヘルス不調の主因が職場に関連した事項にある場合には，その内容や問題の大きさを調査して，改善に向けた組織的な働きかけを行わなければ，中長期的な事態の好転は期待できません。一時的に症状が軽減しても，職場環境，業務内容が変わらなければ，結局は再燃してしまう恐れが強いでしょう。

また，本人が仕事の過重性を訴えたとしても，それは本人の能力不足によるものであったり，時系列でみると不調が先行し，それによって業務遂行能力が低下したために通常の業務に対して強い困難を覚えていたりすることがあります。

同僚にメンタルヘルス不調などによって業務遂行能力の低下している者がいるために，その仕事を一部負担せざるをえず，そのために過重労働に陥っている可能性もあります。

したがって，メンタルヘルス不調者（身体面の不調例でも同様であるが）への支援にあたっては，不調の要因の多角的な検討が必須となります。ストレス（要因）と不調の因果関係に関しても，本人からの聴き取りだけでは適切な対応を進めることが難しい場合もあり，丁寧な検証が望まれます。

まず本人の言い分を全面的に受け入れ，そこから支援を開始するという手法を不用意に実践すると，事態が混乱する場合があります（例えば，実際には自らに問題の多くがあるにも関わらず，周囲のせいで自分は不調に陥ったのだと主張する例がそれにあたります）。

いずれにしても，過重労働による（と思われる）ものも含め，メンタルヘルス不調への対応では，職場全体に眼を配り，問題の所在を明らかにすることが肝要です。そのためには，産業保健スタッフにとって，人事労務管理部署との連携は不可欠です。産業保健スタッフが日頃から職場に入り込んで現場の実情をよく知っておくことも問題解決を速やかに進めるために有用です。

また，原因はどうであれ，メンタルヘルス不調のため，業務に支障をきたしているような例では，専門的な治療によって，状態を改善させることを考える必要があります。原因を取り除くことにより，症状が速やかに改善して，治療の必要がなくなる例もありますが，上述したように不調はいくつかの要因が影響して生じていることが多く，そうした場合には一部の要因が軽減しても，状態が順調に回復するとは限らないからです。

専門医の受診勧奨にあたっては，対応方針に関する助言を得るためにも，不調までの本人の仕事ぶりや不調の結果などを紹介状に記して，本人に持たせるとよいでしょう。

4. まとめ

本事例は，もともと本人に与えられた仕事と比較し能力の不足，あるいは職務適性に問題があり（職務と本人の適性のミスマッチ），それを背景として，長時間労働による疲労，ストレスが高まり，さらには家庭における介護問題等の負担がメンタルヘルス不調を招いたものと考えられます。このように，実際には職場の問題だけでなく，本人の資質，適性，家庭などのストレスなども相まって，すなわち複数の要因が絡み合ってもたらされる不調も多いものです。また，メンタルヘルス不調に陥ると，集中力や判断力などの業務遂行能力に直結する能力も損なわれ，そのため同じ仕事をするのに，以前にもまして時間を要するようになり，それがさらに疲労が高めて不調の度合いを悪化させるといった悪循環に陥る例も少なくありません（第Ⅱ部をご参照ください）。

そのため，対応者は，「過重労働→メンタルヘルス不調」という図式を念頭に置きつつも，時系列の変化を丁寧に追いながら（振り返りながら）事例の全体像を正確にとらえるように努めることが求められます。

事業場外のカウンセラーの場合は，こうした職場内の実情を知ることは困難でしょうが，クライエントの話を多角的に聴き，様々な可能性を念頭において，対応していくことが望まれます。

（廣）

CASE 2

職場不適応から休職に至った事例へのキャリアカウンセラーの復職支援

1. 事例の概要

Bさん，35歳女性。看護専門学校を卒業後，看護師としての臨床経験を経た後，取得した資格を活かそうと保健師に転職しました。現在の民間企業の健康管理室に勤務して5年になります。最近，仕事や職場の人間関係でストレスを感じることが多くなり，メンタルヘルス不調に陥ってしまいました。主治医（メンタルクリニック医師）からは，うつ状態と診断され2か月休職することとなりました。服薬と休養を経て，不眠や食欲不振の症状は次第に改善し，復職可能との診断が出されました。現在は，2週間に一度，メンタルクリニックを受診し，服薬も必要なしと診断されています。

しかし，Bさんは，もとの職場に戻ることに不安を感じており，復職の前に，会社の契約するカウンセリング機関にてキャリアカウンセリングを受けることを希望し来談予約をしました。

予約時の相談内容は，「自分の適職についてあらためて考えてみたい」とのことでした。担当のキャリアカウンセラーは，丁寧に体調不良に至った経緯やBさんの気持ちについて聴いていきました。

Bさんは，「本当にこの仕事が向いているのかわからなくなった」と語り，「自分は力不足，自分に自信が持てない，職場の人間関係も辛い」と訴えました。カウンセラーは，5年保健師として勤務しているBさんが，そのように思うようになったきっかけを聴いていきました。

Bさんは，職場では従業員の相談対応にあたる仕事をしながらチームのリーダーとしての業務も担っていました。Bさんの話によると，1年前までは職場には先輩社員がいて，その先輩社員がリーダー業務を担当し，Bさんの従業員への相談対応についてもフォローをしてくれていたとのことでした。ところが，その先輩社員が最近別の事業所に異動になってしまったため，Bさんが先輩社員に代わってリーダー業務を担当することになりました。さらに，最近会社の経営状況が思わしくなく，過重労働から心身の不調を訴える従業員が増加しており，Bさんはその相談対応にも追われ，慣れないリーダー業務とともに，自身のキャパシティを超えた状態にあったということがわかってきました。Bさんは，職場の後輩が「仕事のできないリーダーのために私達に皺寄せがきて困る」と話しているのを聞いてしまい，いたたまれなくなり，次第に不眠や頭痛，食欲不振の症状がみられるようになり，ついには職場に行けなくなってしまったのでした。

「自分には能力がないんだと，もう毎日が苦痛でした」とBさんは語りました。保健師になるべきではなかったのかもしれない，ならば，今後の方向性を考えるために適性検査を受けて自分の適性を知って，キャリアカウンセラーからアドバイスをもらいたいと思ったと，相談に至る経緯を話してくれました。

2. キャリアカウンセラーの支援

予約の段階からのBさんの希望でもあったため，職業適性診断システム「キャリア・インサイト」（表）を実施することにしましたが，その中の職業興味検査を行うことにしました。テスト結果より，Bさんの職業興味は，C（慣習的職業領域），R（現実的職業領域），I（研究的職業領域）の3領域への興味が高いことがわかりました。一方で，S（社会的職業領域）への興味が極端に低かったことから，対人的な職業への興味は低いことがわかりました。

それについてBさんは，「人と関わっていくことは苦手で，実をいうと従業員への相談対応はあまり得意ではなかった」と語りました。また，E（企業的職業領域）も低い結果であったため，組織運営・管理やリーダー業務を担当することよりも専門・技術的な領域（I：研究的職業領域，R：現実的職業領域）に関心が高く，その領域を掘り下げていくことを好むタイプであることもわかりました。

表　職業適性診断システムキャリア・インサイト

独立行政法人労働政策研究・研修機構によって2001年に開発された日本で最初の総合的なコンピューター支援ガイダンスシステムである。 利用者が自分でコンピューターを使いながら職業選択の基本的な4つのステップ（職業適性の評価，適性に合致した職業リストの参照・職業情報の検索，キャリアプランニング）を経験できるしくみになっている。 本事例では，カウンセリングのプロセスにおいてキャリア・インサイトの「適性診断コーナー」（能力，興味，価値観，行動特性を診断）のうち職業興味の検査のみを実施している。

以上の検査結果から読み取れた解釈をBさんに伝え，また本人からもその感想を話してもらうという対話を行いました。「これまでのお話から，私は，苦手な分野の仕事に直面して，四苦八苦していたということなんですね」とBさんは語り，次第に自分自身を客観的にとらえられるようになっていきました。Bさんは，これまで保健師としてのキャリアがありながら「自分はダメな人間である」というネガティヴな感情に支配され，否定的な自己認知に陥っていましたが，カウンセラーと検査結果を眺めながら対話をする中で，自己認知を修正することができていきました。そして，先輩社員の異動によって，実は得意ではかった相談対応について多くの件数を自分が行わなければならなくなったことや，チームで苦手なリーダーシップを発揮することを求められ，自身への負荷が高まっていたことにも気づくことができました。

カウンセラーは，職業興味検査の結果から，C，R，Iの分野――決まりに従って的確に物事を処理していく分野の仕事，技術的，専門的・探索的な分野の仕事などBさんの力を発揮することができる分野や，Bさんの持ち味についても助言しました。

また，保健師の仕事は，従業員への相談対応以外にも従業員の健康の保持増進や職場環境改善に関連した業務（例：ストレスチェックの結果分析，組織におけるストレス要因の抽出）など，産業保健スタッフとして産業医や他の専門スタッフと協力して企画し，進めていく様々な仕事もあるので，今後の仕事の役割分担の見直しと仕事量の調節について，今後予定されている産業医面接の際に相談してみることを助言しました。

Bさんは，これまで苦手な仕事や慣れないリーダー業務に一人で対応しながら困っていたことを職場の誰にも話せず，抱え込んでいたことに気づき，「一人で抱え込まず，もっと早く上司や同僚に相談すべきでした」とカウンセリング面接終了時には前向きな表情に変わっていました。

3. 支援のポイント

本事例は，カウンセリングのプロセスの中で，心理検査を活用し，検査結果をクライエントにフィードバックしながら対話を行っています。心理検査の結果より，クライエントが自身の「持ち味や強み」「苦手なこと」を客観的に理解し，そのことが職場不適応の原因を分析的にとらえる援けとなっています。また，否定的な自己認知を変化させられる効果ももたらしています。そして，今後の自身の行動パターンをいかにして変えるべきか，また，職業選択やキャリアの方向性などを考えるきっかけにもなっています。

4. まとめ

産業組織においては，個人を取り巻く職場環境が突如変化するという事態が発生します。例えば，自身や上司の異動，仲のよいメンバーの異動・退職，あるいは，人員削減，事業編成の変更など組織体制も変わります。景気の動向や外部環境の変化を背景とした経営状況の変化により，職場の様々な環境変化が起こり得ます。職場環境の変化は，そこで働く個人に影響を与え，時にストレス要因――メンタルヘルスのリスク要因となることも多いのです。

Bさんの事例のように，それまで職務遂行や職場適応が一見順調に推移してきたような人でも，職場環境の変化により，職場不適応に陥ってしまうケースは発生します。苦手な仕事を助けてくれるメンバーがいる，不満を気軽に話せるメンバーがいる，仕事量が多いが手伝ってくれるメンバーがいるなどの微妙な均衡の上に職場適応が成立していることも多いといえます。

また，本人の担当する仕事の質が変化した時も同様で，そのことがリスク要因となることもあります。本事例にように，望まない役割変更や希望しないリーダーの役割を担うことになった場合，心理的な負荷は増大します。

そして，そうした環境変化が起こった際に，個人にとってどの程度のストレスを引き起こすのかに影響を及ぼす要因の一つに，個人のパーソナリティがあります。ストレスに脆弱なパーソナリティ傾向があれば，受け止めるストレスの強度はより大きいものになると考えられます。また，自責的なパーソナリティ傾向があれば，自己否定的な認知に陥ってしまいやすい可能性もあります。

本事例では，カウンセリングのプロセスの中で心理検査をフィードバックし，その結果をもとに対話することで，クライエントの否定的な認知に介入しています。客観的・分析的に自己を見つめ直すことを促し，クライエントの「自分はダメ人間である」という自己否定的な見方を「自分は苦手なこともあるが得意なこともある」といった現実的な認知に修正させることに心理検査が一役買っているといえましょう。

（宮脇）

CASE 3

職場とのミスマッチによりメンタルヘルス不調をきたした非正規社員への支援

1. 事例の概要

Cさん，39歳女性。大学卒業後，精密機器メーカーに正社員として勤務した後，10年ほど派遣社員などの非正規雇用で数社就労していましたが，現在は中堅の通信関連企業の事務アシスタント職（契約社員）として勤務しています。勤務して半年以上になりますが1か月前から体調を壊し出社することができなくなってしまいました。かかりつけ医から適応障害の診断書が出され，3か月間休職することとなりました。

Cさんには，不眠の症状があり，かかりつけ医からは入眠剤が処方され，服薬と自宅での休養を経て，徐々に体調は回復しました。来月には職場復帰となるため近々産業医面接が予定されていましたが，Cさんは，この職場で今後も続けるべきか，退職するかを悩んでいました。

Cさんがメンタルヘルス不調をきたした仕事や職場は，以下の状況でした。

①入社した際には，長年勤務したのち退職した前任者から業務を引き継いでいますが，その業務はほとんど前任者が一手に引き受けて行っており，前任者以外にその業務について内容や方法を知るものが職場には存在していませんでした。

②その業務内容は非常に複雑で多岐にわたっており，また，処理の仕方が厳密に決められていたため，Cさんがその仕事を覚えこなせるようになるには多大な労力を要しました。

③慣れない仕事のため，時には前任者に問い合わせ，指示を受けながら行っているため処理に時間を要することになってしまい，残業をしないとその日に

終えるべき業務が終わらないような状況になってしまっていました。オフィスでは正社員は労働時間の制限があるため皆ほとんど残業せず退社しているため，残業しづらい雰囲気の中でCさんはやむにやまれず残業をしていました。

④職場内の事務業務を一手に引き受けているため，業務に慣れない状況の中でも時には判断を任されることも求められました。Cさんとしては，正社員ではない，非正規雇用の立場である自分には重荷であると感じつつも，やらざるを得ない状況の中で困惑しつつ業務を遂行していました。

⑤職場はCさんの状況や様子には誰も関知せず，また，サポートしてくれる人もおらず，Cさんは仕事に関して職場の誰にも相談することもできず，次第に孤立感を募らせていきました。上司に一度は相談したが，「任せているから頑張って」「極力残業をしないように」とだけ言われ，現状の改善にはなりませんでした。

Cさんには次第に不眠の症状が出始め，ある朝，ついに会社に出社できなくなってしまったのでした。Cさんは，このようにストレスを抱えながらも仕事をし，ギリギリの状態になるまでなぜこの会社で仕事を続けていたのかというと，給与などの待遇面が希望に叶った好条件であり，派遣の仕事が長かったCさんにとっては，念願の直接雇用の仕事であったからです。5年間の契約満了の後には，「無期雇用社員」になれるということで，「待遇面」と「安定性」に魅力を感じこの仕事を選び，Cさんいわく，「これが最後の転職にしたかった」とのことで，この会社に落ち着きたいという思いで選択したのでした。

2. キャリアカウンセラーの支援

来月の産業医との復職面接に際して，Cさんは，外部のキャリアカウンセリング機関のカウンセラーに相談して，自分の気持ちを整理するとともに今後の進むべき方向（この会社にとどまるか，退職するか）を考えたいとの思いから，相談予約をしました。

カウンセラーは，Cさんからメンタルヘルス不調に陥ってしまうまでの経緯を聴き，特に①～⑤に列挙した辛かった点について話し合いました。カウンセラーは，「仕事の要求度－コントロール－支援モデル」（第Ⅱ部 pp.82-83 に記載）を紹介し，Cさんに職場でストレス過多になりやすい仕事や職場の条件について話をしました。

このモデルでは，「仕事の要求度」（仕事の量や難易度，役割の重さ）が大きく，「コントロール度」（仕事の裁量権や自由度）が低い場合にストレスが高まり，健康が脅かされやすいことを示していますが，このようなストレス因子が存在した場合，そのストレスを緩衝する要因があるかどうかで，ストレス反応やストレスによる健康障害のリスクは大きく異なってくるといいます。緩衝要因としては，社会的支援（シーシャル・サポート）があります。ソーシャル・サポートには，道具的サポート（直接手伝う，金銭的サポートをするなど）と情緒的サポート（心理的支援－励ます，慰めるなど）がありますが，仕事の要求度が大きく，コントロール度が低く，かつ緩衝要因であるソーシャル・サポート（職場における支援）が少ない場合には，高ストレス状態となり健康が損なわれるリスクが高まりやすいとされています。しかし，仕事の要求度が大きく，コントロール度が低くても，ソーシャル・サポートに恵まれていれば，高ストレス状態に陥るリスクは軽減されます。

3. 支援のポイント

Cさんから語られた話の②と④から，業務内容が複雑で多岐にわたり，非正規雇用の立場には本来求められないはずの役割まで求められていたことから，「仕事の要求度」は自身にとって大きかったことがわかります。また，②と③から，仕事のやり方が厳密に決められ，納期も自分でコントロールできなかったとみられることから，「コントロール度」は低かったといえましょう。そして，「周囲からのサポート」は，⑤から，職場からのCさんへの関心や支援は乏しかったと思われ，これらのことから，Cさんの状況は，高ストレス状態となる条件が揃っていたといえます。そのことをカウンセラーはCさんに伝えました。

Cさんは，この時初めて，自身が職場で高ストレス状態になりメンタルヘルス不調に陥ってしまった要因・背景を俯瞰して理解することができたようでした。また，職場からの期待に自分が応えきれていなかったことにも気づき，「努力してきたつもりですが，この仕事，自分には合っていなかったのかもしれませんね。」と冷静に振り返ることができていきました。

Cさんは，「この会社で働けたことは，自分にとっては学ぶところもあったし，よい経験になりました。」と語りました。来月の産業医との面接では，「復職はせず，いったんリセットして，これから自分に合った働き方をあらためて考えてみたいと産業医に伝えたい。」と語り，当初のうつむき加減で沈んだ表情から，意志ある眼差しに変わっていきました。この後，Cさんに合った仕事内容・職場環境の特性やキャリア指向について，これまでの経歴も振り返りながら一緒に整理していきました。最後にCさんは，「これまでの仕事選びは，雇用条件それも経済的な面ばかり考えていましたが，これからは，自分に合っていて快適に長く働けそうかを優先して考えていきたい」と笑顔になってカウンセリングを終了しました。

4. まとめ

人手不足の昨今，企業の事務職領域においては，正社員の異動後や退職後の後任ポジションに，実務経験のある派遣社員や契約社員といった非正規社員を即戦力として雇用することが多くなってきています。しかし，会社ごとに職場風土，仕事の流儀，仕事に期待されるスキル，求める人物像は異なるものがあり，必ずしも前任者（正社員，非正規社員）と同等の職務能力を備えた人物が採用できるとは限りません。そのために，後任として採用された非正規社員の「仕事や職場へのミスマッチ」が発生するケースはしばしばあります。

採用する側には，前任者の仕事ぶり，職務能力，人物タイプなどを鑑みて，あらかじめ，「このポジションでこの仕事を遂行するにはどんな要件が最も重要か」を明らかにし，派遣社員を採用するなら派遣元会社に知らせておくこと，直接雇用の採用なら募集時に打ち出しておくことが望ましいといえます。そのことを怠ると，入社後のミスマッチが起こりやすく，双方にとって望ましい結果にはならないのです。

本事例では，職場から求められる要件と採用された人物の間にミスマッチが生じたケースといえますが，このミスマッチを回避するには，個人サイドには「自身の実務能力・実務経験，キャリア指向，求める職場環境のタイプ」という観点で自身に合った仕事・職場要件を概ね自己理解しておく必要があり，組織サイドには，求める人物の要件を洗い出し，明確にしておくことが求められるでしょう。

個人が自分に合った仕事・職場要件への理解が曖昧なまま求職活動を進めると，ミスマッチに陥ってしまう可能性があるため，キャリアカウンセラーが要件の明確化の援助を行うことはミスマッチ回避に有効であると思われます。

一方，組織サイドが，必要とする人物要件が明確になっていなかったり，本事例のように，入社者が高ストレス状態になりやすい職場環境要因（ソーシャル・サポートの欠如）を放置した職場では「派遣社員や契約社員が入社しても直ぐ辞めてしまう」という悪循環を招いてしまう可能性があります。

したがって，組織のマネジメント層には，自部署に新たな人材（新卒採用・中採用関わらず）が入社した際に無理なく適応できる環境になっているかどうかをチェックし，そのような職場環境に整えておく必要があります。つまり，職場において入社者の適応に一定の配慮あるマネジメントがなされているか，そのような体制が作られているかどうかに常に注意を払っておくことが望まれるのです。

（宮脇）

CASE 4

管理職昇進を機に職場不適応に陥った事例への支援

1. 事例の概要

Dさん，32歳女性。大学卒業後，新卒でIT会社に入社。春に管理職に昇進して半年が経ちます。昇進は，入社以来Dさんが携わってきた部署ではなく，別部署の，業務内容もこれまで経験してきていない部署への異動を伴っていました。同部署の前任の課長が体調を壊して出社できなくなってしまったため，急遽，別部署にいたDさんに白羽の矢が立ち，課長に抜擢されたのでした。

Dさんの仕事は，いわゆる「プレイングマネージャー」で，自分の担当業務を持ちながら，管理業務を遂行していました。扱っている分野（インターネット通販）の関係から，職場の人員は全員女性で，正社員と派遣社員・契約社員の非正規社員から構成されています。限られた人員で回しているため，一人あたりの業務量は多く，業務知識は同部署内の他のメンバーのほうが豊富であり，Dさんは負い目を感じつつ，半年たっても業務に慣れない状態でした。

Dさんは，毎日，職場で一番遅くまで残って仕事をしました。まとまった休暇も夏休みもとらず，趣味の旅行にも行かずに仕事に没頭していました。

ところが，Dさんは，最近になって自分の体調に異変を感じ始めていたのです。耳鳴りが気になり，なかなか夜寝つけず不眠気味で，またなぜか食欲が増進して食べ過ぎてしまうことが多くなっていました。このままの状態でこの仕事を続けていくべきかどうか，不安を感じて外部のカウンセリング機関に相談予約をしたのでした。

2-1. キャリアカウンセラーの支援

カウンセラーは，Dさんからこれまでの経緯，最近の仕事の様子を聴いていきました。Dさんはプレイングマネージャーとして，慣れない自分の担当業務に加え課の管理業務を行い，長時間労働となっていること，ここのところ職場のメンバーの人間関係（正社員と非正規社員の関係）が思わしくないことにも頭を悩ませていることを語りました。チームとしてまとめられていない責任を感じて，心身ともに疲弊している様子が伺えました。「どうして自分がこの課の課長に？　と思います。正直言って，もう逃げ出したい気持ちです。このままここで続けていくのは無理かもしれません。」と本音が語られました。

カウンセラーは，Dさんの苦労を労い，頑張りを支持しつつ，現在の状態は「過負荷状態」であり，耳鳴り，不眠傾向，過食傾向などはストレス過剰の状態を示す危険サインの可能性があることを伝えました。カウンセラーは，社内で然るべき対応をとってもらうことが必要であると考え，一度会社の産業医の面接を受けることを勧めました。しかし，Dさんは，「産業医面接を受ける時間は今のところ取れそうにないのです。」と答えました。上司には相談してみたのかと問うと，「社内は管理職が足りていないのです。この部署は，年々売上が伸びているだけに業務量が膨大で，でも人を増やせないのでギリギリの状態で回しています。」「上司（部長）からはいつも『○○さんしかいないから，とにかく頑張ってほしい』と言われており，相談しても状況が変わる見込みは持てそうにありません。」と語ったのでした。

しかし，このままの状態が続くと，Dさんがメンタルヘルス不調に陥ってしまう恐れがあると思われたため，そのことを伝え，カウンセラーは再度，産業医面接を勧めました。Dさんは難色を示しましたが，今の状況が過重な労働負荷からきているのであれば，産業医からのアドバイスはきっと役に立つはずであると助言しました。

また，カウンセラーは，「ところで，Dさん，しばらく好きな旅行も行っていないし，リフレッシュできていなかったのでは？」と問いかけ，「まずは可能な日数でよいので，まとまった休みをとってみたらどうか？」と提案しました。Dさんは，少し考えこむような様子になり，「……確かに，ちょっと張りつめ過ぎていたような気がします。近々，休みをとって，ゆっくりしてみようかと思います。」と語りながら，少しほっとしたような表情になりました。

その後，Dさんは，土日を含む7日間を会社に申請して休暇をとることにしました。さらに，休暇から戻って1週間後には，産業医面接を受けることにしました。

2-2. 産業医の支援

産業医は，Dさんの今の置かれた状況と身体の不調について尋ねました。Dさんは，「先週，休暇を取得したのですが，これまで気になっていたこと－耳鳴りや寝付きにくいこと，食べ過ぎてしまうことなどは，今は少し良くなった気がします。」と答えました。

産業医は，症状が身体の病気由来の可能性は低いと判断しました。Dさんは，続けて「先日カウンセラーからも指摘されたのですが，今の職場は自分にとっては荷が重すぎるようで……」と，プレイングマネージャーとしての自身が感じている負担（仕事内容と仕事量，労働時間，職場のマネジメントなど）について語りました。産業医は，Dさんの話を聴いて，今の状況は本人にとって負担感が非常に強い状態になっていることを確認しました。産業医は，業務のどの部分が特に重荷なのか，何らかの業務を免除すれば現在の職務を続けていけるのかを上司や人事担当者も交えて冷静かつ詳細に話し合うためのミーティングの開催を提案しました。

Dさんは，人事担当者・上司とのミーティングの開催に同意し，「自分は今まで，ベテランのメンバーにもサポートを頼まず，孤軍奮闘していたような気がします。もっとメンバーを頼ってもよかったのかもしれません。自分からコミュニケーションをとるべきでした。職場のメンバー全員と一度，面談の機会を持ってみたいです。」と語り，安堵したような表情になりました。

3. 支援のポイント

ストレスが過剰になると，頭痛，胃腸の不良，イライラ，落ち込みなど，心身にそのシグナルが出ます。こうした症状は，ストレス反応ではなく，身体の病気でも出現するものが多いため，持続する場合にはその判別が重要となります。

仕事上の負担の過多により，強いストレス反応がみられる場合には，メンタルヘルス不調に至らぬうちに，その軽減を図るべく対応をすることが望まれます。しかし，その場合には，本人の希望通りの配慮をすることが必ずしも最善でないことも念頭におく必要があります。

「必ずしも最善でない」理由は，主に以下の２点です。一つは，その時点で，メンタルヘルス不調から本人に認知の歪みが生じており，自らの業務遂行能力や周囲との関係性などに関して適切な判断ができない可能性があること，もう一つは，本人が希望する配慮によって周囲の負担が増大することとなり，本人と周囲との間に感情の溝ができてしまう場合があることです。

したがって，業務内容の変更にあたっては，本人の希望を尊重しながらも，周囲の意見を収集し，全体がうまくいく着地点を検討していく必要があります。

4. まとめ

昇進（役職に就くこと）は，一般的には従業員にとって望ましいことですが，「役割の変化」（職責の増大），また場合によっては「環境の変化」を伴うことから，働く個人にとっては，それが大きなストレスとなるリスクを孕んでいます。本事例では，Ｄさんは，自分が経験してきていない異分野での昇進の発令に対して全く納得して受け入れられておらず，我慢を重ねた結果，ストレス過多状態に陥ってしまったと思われます。責任感が強く，我慢強く真面目なパーソナリティで，葛藤やストレスを自らの内に抑圧してしまっていたため，耳鳴りや不眠，過食という身体症状が表出することとなったのでしょう。

しかし，カウンセラーの助言により，短期の休暇を取得し，少し立ち止まることができたため，落ち着きを取り戻し，張りつめ過ぎていた自分を客観的に振り返ることができていきました。その後，産業医面接を受けることで，Ｄさんが職場で抱える負荷を軽減するための組織的な対処により，メンタルヘルス不調まで陥ることを避けることができたのでした。

産業組織においては，昇進を機に，職場でのストレスから抑うつ状態に陥るケースもしばしばみられます。昇進という一見喜ばしい出来事も，働く個人にとってはメンタルヘルスのリスク要因となることを心しておく必要があります。

（宮脇）

CASE 5

単身赴任を始めてから急激に健康状態が悪化した事例への支援

1. 事例の概要

E 氏，46 歳男性。長く本社の総務部門で仕事をしてきましたが，2 年前に異動し，現在の事業所（地方都市の工業団地に所在，従業員数約 350 名の工場）に着任しました。初めての単身赴任でした。上司は，人事・総務グループ長で，他の事業所の仕事も抱えて本社出張が多く，不在がちでした。E 氏は赴任後半年を過ぎる頃から，社員食堂の業者を入れ替えてメニューを充実させたり，駐車場の再整備を行ったりと，新しい取り組みに着手し，目に見える実績をあげました。また，総務部門の責任者（総務チーム長）として，事業所内の業務に加えて，近隣の他企業との会合などにも出向く役割を持ち，周囲からはそれも精力的にこなしているように見受けられました。

他方，健康診断の結果は思わしくなく，赴任 9 か月目（赴任後初めての健診）には，前年同時期と比較して，体重が 5 ㎏増加し，血圧（148 ／ 94），血糖（空腹時 130 ㎎／ dl），LDL－コレステロール（150 ㎎／ dl）は，いずれも高値でした。これらは赴任前の健診でも基準値よりも少し高めでしたが，赴任後には顕著になっていました。今年の健診では，体重は昨年よりも 4 ㎏増加（標準体重よりも 17 ㎏重），血圧（160 ／ 102），血糖（空腹時 170mg ／ dl），LDL－コレステロール（170 ㎎／ dl）すべてが，さらに悪化していました。医療機関の受診もしていませんでした。

この事業所には，保健師が週に 4 日勤務していました。産業医は半日を月に 2 回という出務頻度で，保健指導や健康相談の実務は保健師が中心となっていました。

保健師は，E 氏の健康状態に対してきちんとした働きかけをしたいと考えてはいましたが，組織上自分の上司にあたることから，少しやりづらさを感じていました。日頃接する機会は多かったのですが，E氏は「健診結果がよくない理由はわかっている。自覚症状は特にないけど，何とかしないといけないな。」と，はぐらかすような態度で，十分な保健指導の時間をとれずにいました。保健師は産業医に相談し，産業医による面接も行われましたが，その場でもE氏は「社員の健康管理を担当する立場の私がこれではだめですな」と，照れ笑いと表面的な反省を繰り返すだけでした。

E氏は19時～20時頃仕事を終えると，住居（賃貸マンション）近くの居酒屋に直行し，飲酒がてら夕食をとるのが日課のようになっていました。そこでの飲酒量は，日本酒にして3合～4合くらいでした。

E氏は，出勤時たまに，酒臭を伴っていることがありました。そのときには眼球結膜も充血していることが多く，決まって「昨日は少々飲みすぎた」と話していました。

ある日，E氏が突発欠勤をしました。翌日には出勤しましたが，欠勤の前夜，いつもの居酒屋で椅子ごと転倒して，翌朝も頭痛とめまいが強かったため，近隣の医療機関に受診をしたことが分かりました。幸い，検査の結果には特に異常がみられなかったようでした。

2. 産業保健スタッフの支援

産業医は，それを耳にし，立ち話のような形でなく，健康管理室できちんと状況を確認するように，保健師に指示を出しました。

保健師は，あらためてE氏に連絡をとり，まとまった時間をとって話をしたい旨を伝えました。3日後，面接の時間が確保できました。約1時間にわたる面接での本人の話を要約すると，以下のようになります。「若い頃は肥満傾向だったが，34歳で結婚してからは，妻の食事管理で『やや肥満傾向』に抑えられていた。飲酒も，結婚前には毎日飲み歩いていたが，週1日は休肝日をつくっていた。単身赴任後，付き合いもあって，食事の摂取量，飲酒量とも増加していることは自覚している。単身赴任は，当初2年間という話だったのだが，先月もう2年間の延長という内示がきた。これまでかなり無理をしてきて，ストレスが高まっている。総務の仕事は長いが，対外的な付き合いの類はあまり経験しておらず，またこれまでほとんど接点がなかった地域の企業関係者と交流するのは，正直苦痛である。週末にゴルフコンペや懇親会などもあり，そのため最近は家族のいる自宅に戻れない月が増えている（事業所から自宅までは，公共交通機関でも車でも約3時間を要する）。子供の受験のこともあり，妻から不満のメールも届く。もともと，飲酒は好きなほうだったので，そちらのほうに『逃げている』面はあると思う。いろいろと考えると眠れないことがあり，寝酒の意味もあって，就寝前に自宅でも少し飲酒をするようになっている。父親も酒のために肝臓や糖尿病を悪くして60代で死去したため，注意しないといけないとはわかっているのだが…。」さすがに，今回のことには少しショックを受けているようで，今度の週末に，家族にも相談してくるとのことでした。

保健師は，産業医に報告をして，本人の了解を取った上で，面接の内容をグループ長にも伝えようとしましたが，E氏は自分から話すので，その後にしてほしいと話しました。

翌週，保健師がE氏に声をかけたところ，家族と話し合い，「本社への異動希望を出し，もしそれが認められなかったら，転職もやむなし」という方向に決めたとのことでした。産業医にも，異動の口添えをしてもらいたいと希望しました。

産業医は，本人と面接を行い，「産業医としてまず重要だと考えるのは，今の仕事や生活状況を見直し，健康面を立て直すことだ。それに向けて適切なやり方を模索する必要がある。その中には，職場の異動もあるかもしれないが，それが最優先なのか，あるいはそれしか選択肢がないのかについて，十分な検討ができているようには思えない。そのため，現時点では『異動が必要』という意見書までは書けない。我々もできるだけの手伝いをするので，もう少しあなた自身を振り返ってもらいたいと思う。上司にはそのように伝える。」と回答しました。

その後，グループ長にも同席をしてもらった話し合いで，以下のような合意が得られました。「当面５か月後の定期異動の最終調整時期まで，今の部署で仕事を継続とする。ただし，近隣の企業との会合や懇親会などは代理が出席する。週末は必ず家族のもとに帰れるようにする。そのために必要な業務の見直しはグループ長を中心に行う。飲酒量を毎日２合までとし，それができないなら断酒とする。行きつけの居酒屋には当面行かず，食事は自炊するか，スーパーで惣菜を買って済ませる。睡眠時間を６時間は確保し，不眠などがあれば保健師に相談する。毎週週の初めには保健師面接を行い，生活習慣，体調などを確認する。」

3. 支援のポイント

単身赴任に加え，仕事のストレスが高まって，心身の不健康状態をきたした例です。飲酒量もかなり増えており，個別の支援（介入）が望まれる状態といえましょう。

仕事，ストレス，アルコール問題を図式化すると，図のような関係が考えられます。シンプルなものとしては①，すなわち仕事や仕事以外のストレス因子がストレスを高め，それが不適切な飲酒行動につながっているという関係です。しかし，実際には飲酒の言い訳として，仕事やストレスが口にされる場合も多いものです。例えば，仕事面の配慮がなされて，仕事上のストレスは軽減されたはずなのに，今度は別の理由で多量飲酒を続けるといったことも起こりえます。多量飲酒，問題飲酒に対しては，対応者は，①と思い込まず，②（逆に飲酒量の増加がストレスを高めている）や③（飲酒量の増加によって仕事内外の問題を起こし，それがストレス因子として作用している）の側面も可能性として考慮しながら，関わりを続けていく必要があります。仮に，人事異動で，E 氏が現職場を離れることになったとしても，本人に対して飲酒をはじめとする生活習慣に留意することを促し，可能であれば異動先の担当産業医，看護職への引き継ぎも考慮されるべきです。

ところで，本事例の主題からは少し離れますが，企業（事業所）内で，組織上，健康管理部門は人事部署内に位置づけられていることが多くなっていま

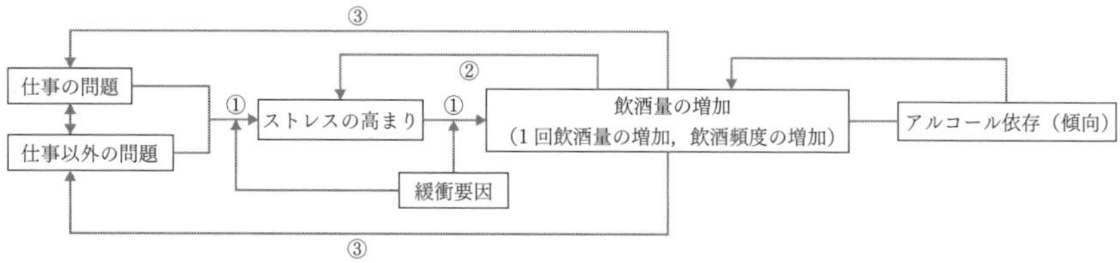

図 仕事・ストレス・飲酒の関係

す。この形は，労働者の就業上の措置などで連携する場合にはメリットが大きいのですが，他方で健康に関する情報がすべて人事部署に伝わっているのではないかとの誤解を生む恐れもあります。健康情報に関しては，人事労務関係者が容易に閲覧できないようにする，そしてそれを企業（事業所）内に周知をして，健康情報が人事管理に使用されているなどといった誤解のないように理解を求めておく必要がありましょう。

4. まとめ

メンタルヘルスに関する事例への対応では，問題解決のために，職場，本人の双方に「宿題」を出すのが適切であると考えられる例が多くみられます。職場に対しては，本人の不調に影響を及ぼした事柄についての改善です。本事例では，本人の業務の一部を取り除き，負担を軽減させるとともに，週末の（事実上の）勤務を免除することが該当します。他方，本人に対しては，不調をもたらしたり助長したりしている面の見直しです。この事例では，生活習慣（飲酒，食事，睡眠）の立て直しがそれにあたります。安全配慮義務と自己保健義務（第Ⅱ部をご参照ください）を確認し合うことになります。

また，飲酒については，「生活習慣の乱れ」だけでなく，「依存」という視点も忘れてはなりません。健康問題あるいは社会的問題を起こしていながら，飲酒を低減できないのは，問題を軽視していたり，意志が弱かったりといった理由だけでなく，「依存」が背景にある可能性もあるため注意が必要です。

（廣）

CASE 6

人事異動に伴うハラスメントの連鎖が生じた事例への支援

1. 事例の概要

Ｆさん（38 歳女性）は，6 年前に中途採用で現在の企業（サービス業，従業員数全社で 2,000 名）に入社しました。支店の営業部門に所属して，長く来客の窓口業務を担当しましたが，半年前に人事異動で同部門の顧客管理係に異動しました。仕事場は同じフロアだったため，後任のＹさん（28 歳女性）が以前の自分の仕事をしているのを近い距離で見ることができました。

来客窓口としてのＦさんの仕事ぶりは，「少し話がくどいものの丁寧」というのが大方の評価でした。周囲から見ても活き活きと仕事をしているようでした。同僚は 3 名いましたが，業務の独立性がかなり高く，互いに助け合うような関係にはありませんでした。Ｆさんの異動は，イレギュラーではなく，全社的な定期異動の時期に他の大勢のメンバーとともになされたものでした。しかし，それを伝えられたとき，本人は相当なショックを受けていたようでした。

異動後，ＦさんはＹさんに対して，自ら進んでいろいろと助言をしていました。それだけにとどまらず，来客とＹさんの間に入って話を進める様子も見受けられました。他方，異動先の業務に対してはあまり注力しているようではありませんでした。そのため，上司は数度，Ｆさんに注意をしましたが，仕事ぶりはあまり変わりませんでした。

ある日，Ｙさんが応対していた来客に対し，途中席を外している間に，Ｆさんが代わりに話を済ませて帰らせてしまい，それを知ったＹさんがその場で泣き出すという事件が起こりました。上司が厳しい口調でＦさんに注意したところ，Ｆさんは顔色を変えて震えだし，その日は体調不良を理由に早退して，翌日から欠勤が始まりました。Ｙさんも，その後，不定期の欠勤がみられるようになりました。欠勤開始3日後，Fさんから「抑うつ状態により1か月の休養を要する」という診断書が人事部署宛てに提出されました。

3週間後，Fさんから復職希望の連絡が入りました。「症状は改善しており，復職可能。ただし，慣れた仕事から開始することが望ましい」という主治医の意見書も出されました。

この事業場では，傷病により長期に休業（休職）した社員に対して，産業医による面接が制度化されていました。復職の可否と復職後の業務制限を決めるためです。産業医面接でFさんは以下のように語りました。

「『窓口業務は細かい注意事項が多いため，後任のYさんに申し送りをする時間を取りたい』と上司に申し出たところ，『最低限のマニュアルはあるから，あとは業務をしながら慣れていけばいい。申し送りの必要はない』と却下された。私は異動先で前任者から約1日にわたって申し送りを受けたのに。窓口業務は，簡単なようでいろいろと配慮を必要とする仕事。私は自信を持ってやれるようになるまでに1年以上かかった。Yさんが申し送りなしで一から窓口業務を担当するのは大変だし，お客様に対しても失礼なので，見かねたときには口を出した。やりすぎた面はあったかもしれないが，Yさんのため，会社のためを思ってのことであり，悪かったとは考えていない。Yさんが泣いてしまった件だって，私が応対しなければ，お客様を失うところだったはず。しかし，上司に強く言われたことで，気持ちの収まりがつかなくなった。休業前は，落ち込みやイライラが強く，食事もあまり喉を通らなくなって，睡眠も浅かったが，自宅静養で改善したので，また仕事ができる。Yさんの窓口業務を手伝う仕事から始めたい。」

2. 産業保健スタッフの支援

産業医は，Fさんの一方的な主張に疑問を抱きながらも，上司の一連の対応が，Fさんのこれまで従事してきた仕事に対する自尊心を傷つけてしまったものと推測しました。Fさんにとっては，申し送りをすることを認めない上司の態度が，ハラスメントのように感じられたのかもしれません。しかし，Fさんの希望通り復職先を以前の窓口業務とするには，問題が大きいと思われました。Yさんの処遇をはじめとして，周囲に対する影響が大きいからです。産業医は，症状の改善を一つひとつ確認した上で，「復職先（業務）が希望通りになるかどうかは，関係者の話し合いで決めることになるため，保証はできない。ただFさんの思いを上司や人事担当者に聴いてもらうことは大切だと思うので，皆で話し合いをする場を設けたい」旨を伝え，人事担当者には面接内容の概要を報告しました。

3. 支援のポイント

この事例では，Fさんの身勝手で独善的な行動にも問題があるでしょうが，次の二つの点に注目してみましょう。

1点目は，事例の起きた背景です。この事例では，Fさんの前職に対する思い，自尊心を傷つけるような上司の言動がFさんのYさんへの対応を招いてしまったとはいえないでしょうか。

2点目は，職場に対する被害的感情が職場再適応に影響を及ぼす可能性があることです。職場のハラスメントの類で，メンタルヘルス不調に陥る例は少なくないのが現状です。厚生労働省が公表している精神障害の労災認定例の内訳からもそれが推定できます。ハラスメントを受けたことを主因として不調をきたした本人が（休業していた場合は復職し）職場に再適応していく過程で，うらみや被害者意識を強く引きずっている状態では，職場再適応はうまくいかないことが多いものです。復職後，本人が仕事や職場環境に再順応していく過程では，様々なストレスに遭遇しがちです。その際，本人が「自分がこれほど苦しいのは，もとをただせば○○のせい」といった思いに逃げ込み，目の前のストレス要因に向き合うことを避けてしまうと，ストレス反応は悪化し，不調が再燃してしまうことになりかねません。復職にあたって，そうした傾向がみられたら，被害的な感情を少しでも軽減させるような働きかけが望まれます。少なくとも，本人を含めた関係者間での話し合いの場をもちたいものです。

4. まとめ

ハラスメントは，その対策に多くの職場が頭を悩ませている問題です。メンタルヘルス対策の一環としても，議論されることが少なくありません。第Ⅱ部で整理したように，ハラスメントをめぐる問題は，基本的には人事労務管理に関わる事項ですが，その原因や結果にメンタルヘルス不調が関係していることがあり，産業保健スタッフもそれへの関与を求められることになります。ハラスメントは，起きてしまうと，どのように対処しても，当事者間の関係性をもとに戻すことはできないことが多く，未然防止が極めて重要です。

受けたハラスメントにより，被害者に不満や怒りが生じ，結果として被害者の攻撃性を高め，さらに新たなハラスメントを生むという連鎖が生じることもあります。本事例もそれに該当するところがあるかもしれません。ハラスメントには様々な形がみられますが，本事例のように，それまでのキャリアや自尊心を軽視するような態度が強く影響している例も少なくないでしょう。発生してしまった例に対しては，それを回復させるような働きかけが求められます。

（廣）

IV

Q&A

Question 1

働き方改革による，健康で働きやすい職場の実現のため，産業保健スタッフはどのような支援ができますか？　メンタルヘルス面の支援としてどのような点が重要になりますか？

Answer

「働き方改革」とは，厚生労働省によれば，働く者の置かれた個々の事情に応じ，多様な働き方を選択できる社会を実現し，働く者一人ひとりがよりよい将来の展望を持てるようにすることを目指すものです。

産業保健スタッフにとって，最も重要な役割は，仕事に関連した健康問題の発生を抑止することです。また，健康障害を持つ人が，その人の持っている（潜在的なものも含め）能力を十分に発揮して仕事に従事するのを，健康面から支援することも強く望まれる事柄です。働き方改革に関しても，これらの役割を果たすことが求められます。

働き方改革の特徴の一つに，長時間労働に関する規制の強化があります。労働時間の客観的な把握に加えて，時間外労働の制約がこれまでよりも厳しくなっています。具体的には，36 協定を締結しても，「時間外・休日労働は年間 720 時間以内」，「6 か月間のいずれの平均も 80 時間以内」，「月 100 時間未満を超えない」こととされました。医師による面接指導が必要となる基準も引き下げられました。これは，いわゆる過重労働を防止する観点からは望ましいことといえましょう。特に時間外労働の上限の設定は，そうした効果をある程度期待できると思われます。しかし，他方で全体の作業量は大半の職場でそう変わるものではないでしょうから，これまで以上に高い作業密度が要求される可能性が高いと推測されます。それが個々の労働者の負担感や職場の雰囲気を変えることになるかもしれません。

また，研究開発業務従事者，新設された「高度プロフェッショナル制度」（高度の専門的知識等を有し，職務の範囲が明確で一定の年収要件を満たす労働者を対象として，一定の条件のもとに，労働基準法に定められた労働時間，休憩，休日および深夜の割増賃金に関する規定を適用しない）の該当者には，異なった基準が設定されましたので，注意が必要です。

その他，働き方改革関連法には，勤務間インターバル制度の導入促進，有給休暇の使用者による時季指定，雇用形態を問わない公正な待遇の確保，フレックスタイム制の拡充といった事項も盛り込まれています。これらにも，労働の負荷による健康影響を軽減する要素が含まれているように見受けられますが，改革のしわ寄せが思わぬところに生じる恐れもあるでしょう。自らの働き方や生活習慣を意識的に振り返り，必要に応じて立て直していくようなセルフケアが，これまで以上に求められることになるかもしれません。

何でもそうですが，制度や仕組みが変わる際には，変化に適応するために，様々なストレスが高まることが多いものです。

産業保健スタッフには，働き方改革がもたらすそうした変化を的確にとらえて，不調の要因となる恐れが高い事柄に対して，先回りした予防対策を提案し，また実践することが望まれます。「働き方改革関連法」には，産業医・産業保健機能の強化も含まれています。

（廣）

Question 2

働き方改革によって，キャリア支援について新たなニーズはありますか？また，今後，テレワーク（リモートワーク）は企業において推進される可能性があると思われますが，働く人への影響やキャリアカウンセラー（キャリアコンサルタント）の支援に変化はありますか？

Answer

働き方改革は，深刻な労働力不足の見通しを背景に，目的としては労働力不足の解消という側面もあります。労働力を増やすということでは，女性の再就職支援，シルバー層の就労支援も課題であり，それについてはキャリアカウンセラーが支援できるところも大いにあると思われます。また，それに関連して，非正規雇用・正規雇用の格差是正も課題であり，非正規雇用で働く人の希望に応じた正規雇用へのいわゆる「キャリアアップ支援」も重要課題とされていますが，そこでもキャリアカウンセラーが寄与できるところは大きいと思います。

新型コロナウイルスの影響により，日本のみならず世界においても，これまでの働き方が見直されています。テレワーク（リモートワーク）が推進される動きは今後も続く可能性があります。テレワーク（リモートワーク）は，「仕事に集中できる」「通勤時間が発生しないので効率的」というメリットがある反面，「職場のメンバーとのコミュニケーションが不足する」「オンライン・ミーティングはインターバルがとりにくく，気分転換がしにくいため疲労感が出やすい」「職場でアイディアを出し合う機会が減りイノベーションが生まれにくい可能性がある」などのデメリットについての指摘もあります。リクルートワークス研究所と神戸大学が被雇用者約 4,400 人にインターネット調査した共同研究「仕事と生活に関わる変化に対する調査」（2020）（表）によれ

表 「仕事と生活に関わる変化に対する調査」

Works 編集部と神戸大学経済学部経営研究所准教授・江夏幾太郎氏を中心とする研究者有志チームによるインターネット調査。コロナ禍が人々の働き方や生活，心理にどのように影響したのかを調査した。
調査時期：2020 年 4 月 14 日〜 16 日
対象：全国の被雇用者（正規，パート・アルバイト，契約・嘱託社員）
有効回答数：4,363 人

『Works』No.160 2020 06-07　リクルートワークス研究所（2020）

ば，働く人にもたらされたネガティブな変化としては，「仕事中の緊張感／仕事のストレス」は「高まった」「やや高まった」と 33.8 ％もの人が回答しています。また，「同僚や上司との仕事上不可欠のコミュニケーション」は，減少した人よりも増加した人のほうが多いものの，「仕事とはあまり関係ないコミュニケーション」は減少した人のほうが多く，雑談の機会は減っていることがわかります。一方，「職場でやるべきこと」や「自分の仕事の明確さ」については「高まった」「やや高まった」と考える人が多いことがわかり，ポジティブな側面も報告されています。

現段階では，どのようなキャリア支援のニーズが発生するかは未知の状況ですが，新しい働き方は，これまでの日本型雇用の，社員を時間で管理し，成果を求めるスタイルから，労働時間に関わらず，社員個々の職務や役割をベースにした達成度・成果で評価するスタイルへとさらに進展していく可能性もあります。今後，組織や働く人にどのような影響が及ぼされるか，どのようなキャリア支援の必要性が生じるか，状況把握をしていく必要があります。

（宮脇）

Question 3

新型コロナウイルスの影響により，今後，職場のメンタルヘルス対策に変化はありますか？　あるとすると，どのような変化ですか？

Answer

新型コロナウイルス問題によって，多くの企業が，在宅勤務などのテレワーク（リモートワーク），フレックスタイム制度の拡充，インターネットを利用した会議の開催など，これまでにあまりなかった，あるいはあっても就労全体のごく一部であったような就労形態を多く取り入れたことは記憶に新しいところです。これを機に，今回の問題が収まっても，それを一部もとに戻さず，継続していくことを模索している企業も少なくありません。

当人の性格傾向や行動パターンに加え，生活習慣の維持能力，住環境，同居者の諸事情など，これまでさほど注目されてこなかったけれどメンタルヘルスに少なからぬ影響を与える因子が，見直される可能性は十分にあるでしょう。

新型コロナウイルス問題の渦中で話題になった事項としては，以下があげられます。

①労務管理のあり方

テレワーク（リモートワーク）や大幅なフレックスタイム制が推進されると，上司が部下を直接観察して，言動，仕事ぶりなどを評価する機会が減ります。相談の受け方など支援の方法も変わってくるでしょう。事業者の安全配慮義務の観点からは，メンタルヘルス指針でいうところのラインによるケアのあり方（第Ⅱ部をご参照ください）を考え直す必要に迫られると考えられます。顔を合わせる時間が減るため，表情や言動から部下の健康状態やストレスを把握するのが困難となり，不調の発見が遅れる可能性もあります。

これは，産業保健スタッフにもいえます。保健指導や健康相談の方法が直接面接からWebなどによるリモートに変わったり，電子メールの類で代用されたりすることになり，それに慣れるとともに，効果を高められる工夫が求められるようになります。

②セルフケアの重要性

これまで定時に出勤し仕事をせねばならないという制約によって睡眠や飲食などの生活習慣が維持できていた人では，それがなくなったり軽減したりすることで，短期間のうちに健康問題が生じてしまう恐れがあります。

特に，睡眠については，夜型生活に移行することでリズムが崩れ，その質が悪化しがちです。アルコールをはじめとする様々な物質，嗜好への依存傾向のあった人が，それを強めてしまう可能性も指摘されています。

③不安などの高まり

もともと周囲の出来事に敏感で精神面が不安定になりやすい人では，インターネットなどの様々な情報に影響を受け，不安が高まったり，気分が沈み込んだり，イライラが強くなったりすることも考えられます。単身生活を送っている人，外出などが制限され人と接する機会が少ない人で生じがちです。

仕事や職場の精神健康面への影響については，マイナス面ばかりが強調されがちですが，人との交流や支えあいなど，プラスの面があることも事実です。そのプラスの面が損なわれる問題についても留意されなければなりません。

職場のメンタルヘルス対策では，こうしたことに目を向け，これまでとは視点の異なる対策を検討していく必要に迫られる可能性があります。

（廣）

Question 4

産業医の役割，ミッションについて教えてください。また，事業場内で診療行為は行わない理由は何ですか？

Answer

産業医は，従業員数 50 人以上の事業場（企業ではなく，事業場単位です）で選任することが義務づけられており，1,000 人以上の事業場では，専属であることが必要です。

産業医の職務は，労働安全衛生法規（労働安全衛生規則第 14 条）で定められています。一言でまとめると，労働者の健康障害，中でも仕事や職場と関連のあるものの予防活動であるといえましょう。必要に応じて，事業者に対し，労働者の健康管理等について勧告をすることも認められています（勧告を理由として，産業医が解任その他不利益な取扱いを受けないようにすることも規定されています）。こうした役割を遂行するために，産業医は職場を巡視して健康に影響を及ぼすような問題の改善を求めたり，数多くの労働者とそれらについて話しあったり，教育研修を企画担当したり，安全衛生について議論する会議に出席したりすることが必要になります。診療行為は含まれていません。

もっとも，産業医が診療行為を行ってはいけないわけではありません。実際に，事業所内に設置された診療所で，診断，治療を担当している産業医は少なくないのが現状です。

しかし，産業医が診療行為に多くの時間をとられ，法令で定められている業務の遂行が疎かになるとしたら，それは本末転倒と言わざるを得ません。以前と比べ，産業医が担当すべき業務は格段に増えています。そのため，結果として，診療行為は縮小せざるを得ないところが多くみられます。

産業医が診療行為を担当することによって，問題が生じることもあります。

診療行為の中で把握する労働者の健康情報の中には，産業医としての業務内では知ることが困難なものが含まれている場合があります。それが就業上の措置（例えば，現在行っている仕事の一部を制限する）を必要とする情報であり，労働者本人がそれを望まなかったとすると，そこでトラブルが生じかねません。産業医としては，それを知ってしまった以上は，知らなかったことにはできません。また，治療が難航し，症状の改善が進まないために，産業医として就業上の措置を求めねばならないことも起こりえます。労働者としては，産業医に治療を任せていたのに，それがうまくいかず，就業上の措置をかけられるのは納得できないということになるかもしれません。

こうしたことから，産業医が事業所内の診療所で診療業務を行うことはあまり推奨されません。産業医の大半は非常勤で，日頃は何らかの診療科を専門とする臨床医ですので，慣れ親しんでいる診療業務を依頼されれば，それを拒むことは少ないでしょう。しかし，職場関係者（人事，総務，安全衛生担当など）は，以上のようなことを踏まえて，産業医に何を要請するのかを明確にしておくべきです。諸事情で産業医が治療行為を行わざるを得ず，かつ複数名の産業医が選任されている事業所では，職場によって担当を決め，A 医師が産業医業務を担当している職場の労働者の診療は，A 医師以外が担当するといった工夫も考えられるでしょう。

（廣）

Question 5

メンタルヘルス不調と職場不適応の相違を教えてください。

Answer

メンタルヘルス不調の定義は，第Ⅱ部で述べました（p.52 参照）。精神障害全体に加えて，その予備群ともいえるような例，すなわちストレスや不調感のために，その人らしい職業生活や家庭生活などが少し送りにくくなっている例を含むものです。例えば，うつ病や不安障害などの診断基準までは満たさないものの，気分が落ち込んでいたり不安定であたったりして，仕事の効率が落ちている例は，メンタルヘルス不調といえそうです。

他方，職場不適応には，メンタルヘルス不調のような定義がありませんが，次の三つのいずれかに該当する，あるいは近い意味で使用されることが多いといえましょう。

①職場で求められる仕事が十分に行えていない状態（病気の有無，種類は問わない）

原因は何であれ，当該労働者が（特に以前と比べ）期待される業務遂行能力を発揮できず，周囲との関係も思わしくない状態全般をさします。もっとも広義の使われ方といえましょう。

②①のうち，診断がつく精神障害，身体疾患や外傷による例を除いたもの

精神障害では，診断が困難，あるいは比較的軽症の例が該当します。

③適応障害の一部

第Ⅱ部で解説したように，適応障害とは，ある社会環境や出来事に対してうまく適応できないことを主因として，情緒面（抑うつや不安など）や行動面（諍いや反社会的行為など）に様々な強い症状が現れ，その結果職業生活，日常生活に大きな支障をきたすものです。適応できない対象が，仕事や職場に関

する事柄である場合，それを明確にする意味で，職場不適応と表現する場合があります。また，適応障害の結果として，仕事に少なからず影響が生じている場合をさすこともありますが，これは上記の①に含まれますね。

以上のことから，「メンタルヘルス不調」は「職場不適応」を含むというのが，両者の関係といえましょう。職場不適応が上記①の意味で使用される場合は，その状況では，家庭生活などでも何らかの困難が生じているでしょうから，両者はかなりに近くなるといえるでしょう。

なお，「職場不適応」に「症」のついた「職場不適応症」という表現も使われることがあります。この意味も「職場不適応」と同様に考えればよいのですが，③の意味で用いられる場合が多いようです。

（廣）

Question 6

職場でのメンタルヘルス支援は，派遣社員などの非正規雇用，あるいはフリーランスに対してどのような適用になりますか？

Answer

まず，事業者（使用者）が雇用する労働者に対して行う義務のある産業保健活動について考えてみましょう。

その代表例としては，健康診断があげられます。健康診断の対象は，「常時使用する労働者」とされています。この場合の「常時使用する労働者」とは，「期間の定めのない契約により使用される者」（期間の定めのある契約により使用される者の場合は，1年以上使用されることが予定されている者，及び更新により1年以上使用されている者）であり，「1週間の労働時間数が当該事業場において同種の業務に従事する通常の労働者の1週間の所定労働時間数の4分3以上であること」（1週間の労働時間数が当該事業場において同種の業務に従事する通常の労働者の1週間の所定労働時間数の概ね2分の1以上である者も含めるのが望ましい）がその要件となっています。短時間の勤務者は対象外です。

派遣社員については，定期（一般）健康診断は派遣元，有機溶剤などの有害物取扱者を対象に行われる特殊健康診断は派遣先に実施義務があります。

定期（一般）健康診断の結果，就業上の措置（就業制限）が必要と判断された場合には，双方が連携をして対応にあたることが求められます。少し大雑把でよければ，雇用契約に関連が深い事項は派遣元に責任があり，現場での労働に起因する問題への対応については，主として派遣先に責任があるといえるでしょう。

ストレスチェック制度についても同様です。実施対象は，健康診断と同じ

（ただし，労働者側に受検義務まではない）で，派遣社員に関しては派遣元がストレスチェックの実施義務を負いますが，その結果をもとにした集団分析では，派遣先企業は派遣労働者も含めることとなっています。こうした考え方は，産業保健活動全般に当てはめることができます。

上司の不適切な指示やハラスメントに該当するような言動によって生じる不調への対策は，当然上記の就労時間に該当しない短時間労働者や派遣社員に対しても必要になります。派遣元，派遣先の双方に取り組みが求められます。

また，いわゆる正規社員についても，今後ダブルワークのような働き方が普及していけば，健康問題の主因が仕事関連にあるとしても，それがどちらの仕事由来かという判断が難しくなります。

こうしたことからも，今後非正規労働者の対応は，どちらかというと，これまでよりも手厚くする方向が求められ，それはメンタルヘルス対策にもいえると考えられます。

（廣）

Question 7

希死念慮（死にたい気持ち）を打ち明けられた場合，産業保健スタッフはどのように対応すればよいでしょうか？　本心でないと思われる場合も含めて，教えてください。

Answer

本件は，第Ⅱ部でも，少し触れました（表にまとめています）が，ここではもう少し解説を加えましょう。

死にたい気持ちを打ち明けられたとき，それが本心であるかそうでないかを見極めるのは容易ではありません。自殺未遂が狂言の類かといえば，そのようにみなして放置するのは不適切です。自殺未遂を繰り返している人の自殺リスクが高いことはよく知られています。ですから，希死念慮をほのめかして，周囲を困らせることを繰り返している人がいるとしても，それらの行為を軽視するかのような対応をするのではなく，主治医などの専門家にその対処方法を相談するべきです。

ここでは，ある人（労働者）から初めて希死念慮を打ち明けられた場合を想定して話を進めます。

まず，忘れてはならないのは，自分にその気持ちをよく話してくれましたねというメッセージです。それを，何とか自分はあなたの力になりたいということと併せて，伝えることが大切です。

次に，相手（本人）をまずは受け止める姿勢が重要です。言葉を聞くのではなく思いを聴くなどと表現されることがあります。話す内容に強い思い込みや誤解などがあると感じられても，その背景やつらい気持ちを思いやりながら耳を傾けてください。重苦しい雰囲気から逃れるために，話を逸らそうとするのは勧められません。じっくりと話を聴くのには，本人の衝動的な感情を落ち着かせる時間稼ぎの効果がある場合も少なくありません。

もう一つ大切なのは，一人で抱え込まないことです。相手が他の人に話さないという約束を求めてくる場合もあるでしょう。また，専門職としての個人情報保護の重要性が頭をよぎるかもしれません。しかし，命を救うことが何にも増して重要です（「キャリアコンサルタント倫理綱領」にも，「キャリアコンサルタントは，キャリアコンサルティングを通じて，職務上知り得た事実，資料，情報について守秘義務を負う。但し，身体・生命の危険が察知される場合，又は法律に 定めのある場合等は，この限りではない。」と記されています）。信頼できる専門職（医師や他の看護職），本人の親族等と連携してください。本人が信頼している人が職場の中にいて，連絡をつけられれば，その人に力になってもらうとよいでしょう。

打ち明けられたのが職場であったとすると，本人を自宅に帰したり，そのまま精神科医療機関を受診させたりすることになりますが，その際にできる限り一人にしない，誰かが付き添うようにするのも勧められます。

また，「死なない約束」をするのも，試みるべきこととして，提案されています。

（廣）

Question 8

キャリアカウンセリングに来談したクライエントが精神疾患のため治療中で，自宅療養していることがわかりました。どのような点に留意してカウンセリングを進めたらよいでしょうか？

Answer

精神疾患で自宅療養している人がキャリアカウンセリングを求める場合，主に次のような背景が想定できるでしょう。

①以前からキャリアカウンセリングを受ける心づもりだったが，最近不調をきたした。
②療養過程で，療養前にはなかったキャリアに関する不安・心配が強まった。精神疾患の発症要因として，仕事や職場に関する事項はさほど多くを占めてはいない。
③仕事や職場に関連することが主因となって不調をきたし療養に入った経緯を持ち，そのために新しい職場での仕事を模索している。

精神面の不調は，自己および他者の評価，物事の判断，集中力などに少なからぬ影響を及ぼします。したがって，精神面に不調をきたすと，様々な面に関して，その人本来の見方，考え方が損なわれている可能性を考えねばなりません。

キャリアカウンセリングがよい結果をもたらすには，クライエントが，自らのことについてある程度の客観性を持って語り，これまでの足跡や今後の課題に関してその人らしい洞察や判断ができる点が重要です。精神障害下では，そうしたことが困難になっている場合が少なくないと考えられます。また，精神面が不安定な状況では，カウンセリングを途中で続けられなくなるかもしれません。キャリアカウンセリングそのものがストレスとなり，病状が悪化する可能性もあります。

多くの精神障害では，症状が軽減してからも再燃・再発防止のために通院治療を続けることになります。したがって，自宅療養している理由が，前職を退職して復職先がないためであり，病状が十分改善しているのであれば，自宅療養中という状況だけでカウンセリングを行うべきではないと言い切れはしないでしょう。

したがって，病状がキャリアカウンセリングを進められる程度にまで回復しているかどうかの確認は不可欠です。主治医が回復の程度をどのように評価しているかを本人に聞いてみる必要があります。まだ本人が主治医に相談をしていない場合には，その確認を促してください。また，就労についての見解も併せてうかがうように伝えてください。

（廣）

Question 9

来談者が職場に対して，強い怒りや被害者意識を持っている場合，キャリアカウンセリングではどのようなことに留意して進めていったらよいですか？

Answer

まずは，クライエントの訴えやその背景となる出来事について，じっくりと傾聴します。そして，語られたことは，それが事実かどうかよりも，そのことはクライエントの「心理的事実」として受け止めます。この時，大切なことは，ただ黙って頷いて聴くのではなく，クライエントが言わんとすることを掴んでフィードバックする（繰り返す）ことです。カウンセラーが思ったところを支持的に表明する（例：「それは大変でしたね」「お辛いことでしたね」など）ことがあってもよいと思います。そうして，クライエントが「まさに，その通りなんです」などと反応し始めたら，それは相手の心を掴めてきたという証拠です。ここでは，当然ですがクライエントを批判や否定したりすることは避け，決して裁かないことです。また，クライエントから頑張った点や優れている点，よい点が感じ取れたら，そのことを支持し肯定的なフィードバックをしていきます。

このようなやりとりを繰り返し，「このカウンセラーは自分のことを理解してくれている，肯定してくれている」とクライエントが感じ始めると徐々に構えがとれて，信頼関係が構築できてきます。怒りや被害者意識の渦中にいるうちは，自分のことを客観的に吟味できない状態ですが，カウンセラーとの信頼関係により気持ちがほぐれ，次第に自己洞察ができるようになり，そうなると事態を客観的に見れるようになってきます。この段階になれば，積極的な提案もできるようになりますので，「なるべく気持ちを切り換えて，今後のことを一緒に考えていきませんか？」と前を向くように助言していきます。

今後についての話し合いを始める段階になると，クライエントもいつまでも後ろばかり振り返るより前を向いた方が得だと思えるようになってきます。そして，職場や組織に対する対応を双方で整理・確認したり，同時にクライエント自身が行動パターンを変えるべき点などを助言します。この段階では指示的な助言や是々非々も伝えられるようになります。

このように，クライエントの変化を注意深く観察・把握しつつ，プロセスを進めていくことが大切です。

（宮脇）

Question 10

発達障害の人へのキャリア支援のポイント，進め方について教えてください。

Answer

発達障害とは，脳の一部の機能の障害によって発達のアンバランスが生じ，仕事や日常生活に支障を来している状態をさします（第Ⅱ部発達障害の項も参照）。発達障害の人は，得意なこととそうでないことの差が大きく，そのために不適応や困難が生じるということがあります。それは「本人の努力不足」や「親の育て方のせい」で生じているのではなく，もともとの本人の特性によるものですから，努力することによる改善がなかなか難しいという性質があり，そのため障害とされているという経緯もあります。

例えばADHD（注意欠陥・多動性障害）は症状の緩和に有効とされる薬や，発達障害による仕事・生活の困難で二次的に引き起こされたうつ症状への薬による治療は可能ですが，発達障害は，根本的に治すことは難しいとされています。したがって，発達障害そのものを治すのではなく，いかに日常生活や職業生活における不適応を軽減するかを様々な方法によって検討することが大切になります。そのことを踏まえて，発達障害の人への援助のポイントを以下に記します。

まず，職場においては「どんなことが苦手なのか」を自己分析し，どのようにしたら少しでも苦手を軽減できるのかをあらゆる方法で考えてもらいます。例えば，どうしても仕事上でミスを繰り返してしまう場合は，そのミスを減らすための工夫が何かできないか？　を検討し，ミスしがちなことをメモや付箋など常に目につくところに貼り出しておく，あるいは，職場の同僚にサポートしてもらい，二重チェックをお願いする，同僚にミスを予防するための手立てを相談してみるなども有効でしょう。

また，一方でその人に備わっている「得意なこと」「好きなこと」に焦点をあてることも大切です。苦手なことが多く，負担の多い仕事・職場で，工夫を重ねても現状を打開することが難しい場合は，よりその人に合ったこと，得意なことや好きなことに関われそうな仕事に配置転換を申告することも一つの手立てであると思います。

次に，仕事選択についてですが，「正社員でないと先行きが不安だから」という理由で周囲の人やご家族が，本人にとって難しいハードルに挑ませてしまい，かえって仕事に就けない期間が長くなってしまうという場合があります。雇用形態には拘らず，一つの場所で就労経験を積み，その場所で自身を活かし，周囲との人間関係を作り，「自信をつけること」が何より大事になります。興味を持てて負担なく続けられそうな仕事・職場なら，そこで努力し実績を作ると，その経験がまた次に生きてきます。本人にとって快適に仕事ができる職場環境で安定的に就労し，仕事をすることへの手応えと自分自身への自信を持つことが何より大切です。

就労先を探す場合は，社会にある様々な支援サービスを利用することも有効です。発達障害者支援センターでは，就労に向けた支援を行っています。ハローワーク（障害者職業相談・職業紹介），地域若者サポートステーション（通称サポステ，40 歳未満の無業者を対象とした相談・就労体験・面接指導を実施，2020 年よりサポステ・プラスとして，概ね 50 歳までの無業者を対象に支援を展開）も利用できる資源です。また，発達障害を診察している医療機関によるデイケアにて心理教育やソーシャル・スキル・トレーニングなど，就労に際しての心構えや就労に役立つスキルを習得することもできます。

このような福祉や医療の支援サービスを積極的に利用し，自身を活かす就業機会を得ていただきたいですし，そのための支援が必要と考えます。

（宮脇）

Question 11

仕事が長く続かない，転職を繰り返している人にはどのような特徴がありますか？　また，そのような人にはどのような援助が有効でしょうか？

Answer

雇用形態に分けて考えてみましょう。まず，非正規雇用（派遣社員など）で就労している人の場合です。通常，派遣での就業の場合，派遣会社に登録し，契約先の企業にて就業することになります。派遣先企業との契約は一般的には3か月更新で，更新を繰り返して最長3年という形態になります。そこで，3～6か月など短期で契約を終了し，次々と派遣先を変わっている人の場合で，特に自己都合で契約を終了している人の場合（もともと期間限定でない場合）について考察します。

このようなケースは，本当のところでは，本人は自分に合った仕事，職場で長く勤務したい，できれば3年後は直接雇用に転換してさらに安定して勤務したいと考えていることが多いのです。それにもかかわらず，なぜ自ら契約終了を選んでしまうのでしょうか？

その背景には，本人の「長く働く場所（仕事，職場）は，こうであらねばならない」という強い理想がある場合が多いのです。自分の経験やスキルが活かせて，上司や同僚はよい人たちで，雰囲気のよい職場，できれば優良企業で働き続けたいという願いです。しかし，それが叶わない職場なら，「早く見切りをつけたほうがよい」つまり，見切りをつけて次を探した方がよいと考えてしまっている可能性があります。

個人目線で考えると，数年派遣就業を続けて40代半ばを過ぎると，理想の職場を探し当てて落ち着きたいという気持ちになるでしょう。

しかし，組織目線で考えると，3か月程で契約終了を繰り返し，短期就業を続けている人に対して，迷いなく採用できるかというと難しい面もあります。
企業側には，一般的に過去の行動パターンは繰り返されると考えられていますので，入社してもすぐ辞めてしまうのではないかと思われてしまう可能性があるのです。よって，理想を追い求めるほど（短期就業を繰り返すほど），優良企業からの採用は遠のいてしまうという皮肉なことになってしまいます。
自分に合った仕事・職場を選び，また選ばれるようになるためには，職場の期待に応えつつ，折り合いをつけながら，完璧な理想の職場でなくても一定の年数を勤務し，実績を作ることです。就業期間（契約期間）の長さは派遣先企業からの信頼の証でもあります。その実績が自身の「キャリア」となり，また自信ともなります。非正規雇用においても，そのような実績がその後の転職活動の際のアドバンテージ，利点になります。
一方で，正社員（中途採用）の場合です。正社員の場合は，一般的にはせっかく採用されたその会社で長く続けたいという思いがあると思います。ところが，短期で辞めている場合は，続けたくても続けられなかったというケースが多いようです。例えば，採用時に聞いていた仕事内容と違う仕事を担当させられた（例：事務職採用だったのに営業職だった），待遇・条件が採用時の約束と違っていた，上司（社長）のパワーハラスメントを受けたなど，入ってみたら予想外の理不尽な対応があり，我慢して続けるとメンタルヘルスの悪化に陥ってしまう恐れがあり退職したなどです。職業生活の中には，様々な出来事があり，例えると「逃げるが勝ち」という場合も発生しますので，辞めて正解というケースももちろんあります。しかし，入社するたびに本人にとって理不尽な出来事に遭遇して辞めているということになりますと，そもそも正社員という働き方が本人に合っているのか？　という雇用形態の選択や求人探しの手段，会社の選び方を再検討するべきかもしれません。
非正規雇用，正規雇用，いずれの雇用形態で働く場合も，職場や会社に対しての「こうあらねばならない」という強い思いを「そうであるに越したことはないが……」と緩め，環境と折合いをつける提案をしてみるのも有効かもしれません。また，自分はどうなりたいのか？　どんな人生を送りたいのか？　自分にとって最も大切にするべき条件は何か？　自分のストレス耐性はどうか？　など自身を客観的な目線にたって眺め，吟味を促すことも援助の方法の一つであると思います。

（宮脇）

引用・参考文献

第Ⅰ部

花田 光世（2019）．キャリアアドバイザーの役割XVI――キャリアアドバイザーのさらなる役割拡大――　キャリアカウンセリング協会主催セミナー資料

Herr, E. L., & Cramer, S. H. (1988). *Career guidance and counseling through the life span: Systematic approaches* (3rd ed.). Glenview, IL: Scott Foresman.

Herr, E. L., & Cramer, S. H. (1996) *Career guidance and counseling through the life span: Systematic approaches* (5rd ed.). New York: Harper Collins.

金井 壽宏（2002）．働くひとのためのキャリア・デザイン　PHP新書

木村 周（2018）．キャリアコンサルティング理論と実際（5訂版）　雇用問題研究会

國分 康孝（1979）．カウンセリングの技法　誠信書房

國分 康孝（1996）．カウンセリングの原理　誠信書房

厚生労働省（2001）．第7次職業能力開発基本計画の概要　Retrieved from https://www.mhlw.go.jp/topics/0106/tp0606-1.html（2021年4月27日）

厚生労働省（2017）．「セルフ・キャリアドック」導入の方針と展開――従業員の活力を引き出し、企業の成長へとつなげるために――

宮脇 優子（編）（2015）．働く人へのキャリア支援――働く人の悩みに応える27のヒント――　金剛出版

室山 晴美（2015）．キャリア・インサイト使った職業相談と就職支援　労働政策研究・研修機構

Nevill, D. D., & Super, D. E. (1986). *The Salience Inventory: Theory, application, and research* (Research ed.). Palo Alto, CA: Consulting Psychologists Press.

日本産業カウンセラー協会（編）（2013）．産業カウンセラー養成講座テキスト　日本産業カウンセラー協会

岡田 昌毅（2007）．キャリア発達の理論的アプローチの主要な構成概念　渡辺 三枝子（編著）新版 キャリアの心理学――キャリア支援への発達的アプローチ――（pp. 31-44）　ナカニシヤ出版

大沢 武志（1993）．心理学的経営――個をあるがままに生かす――　PHP研究所

Super, D. E. (1951). Transition: From vocational guidance to counseling psychology. *Journal of Counseling Psychology, 2,* 3-9.

Super, D. E. (1955). Transition: from vocational guidance to counseling psychology.

Journal of Counseling Psychology, 2 (1), 3–9.
Super, D. E. (1976) *Career Education and the Meaning of Work; monographs on career education.* Washington: The Office of Career Education, US Office of Education.
渡辺 三枝子（1990）．キャリア・カウンセリング　國分 康孝（編）カウンセリング辞典（p.121）　誠信書房
渡辺 三枝子（1990）．キャリア・ガイダンス　國分 康孝（編）カウンセリング辞典（p.121）　誠信書房
渡辺 三枝子・E. L. Herr（2001）．キャリアカウンセリング入門――人と仕事の橋渡し――　ナカニシヤ出版
渡辺 三枝子（2002）．新版カウンセリング心理学――カウンセラーの専門性と責任性――　ナカニシヤ出版

第Ⅱ部

中央労働災害防止協会（編）(2015)．事業場内メンタルヘルス推進担当者 必携　中央労働災害防止協会
廣 尚典（2020）．要説産業精神保健 改訂第 2 版　診断と治療社
キャリアコンサルティング協議会（編）(2020)．キャリアコンサルティング関連情報集　キャリアコンサルティング協議会
丸山 総一郎（編）(2017)．「はたらく」を支える！ 女性のメンタルヘルス　南山堂
森 晃爾（総編）(2017)．産業保健マニュアル 改訂 7 版　南山堂
日本産業カウンセラー協会（編）(2012)．キャリア・コンサルタント その理論と実務　日本産業カウンセラー協会
日本産業カウンセラー協会（編）(2012)．産業カウンセリング（産業カウンセラー養成講座テキスト）　日本産業カウンセラー協会
日本産業精神保健学会（編）(2011)．ここが知りたい 職場のメンタルヘルスケア　南山堂
日本産業精神保健学会（編）(2013)．リスクマネジメントとしてのメンタルヘルス対策　産業医学振興財団
日本産業ストレス学会（編）(2012)．産業ストレスとメンタルヘルス　中央労働災害防止協会
日本精神神経学会用語検討委員会（編）(2009)．精神神経学用語集　新興医学出版社
大西 守・廣 尚典・市川 佳居（編）(2017)．新訂版 職場のメンタルヘルス 100 のレ

シピ　金子書房
高橋 三郎・大野 裕（監訳）（2014）．DSM-5 精神疾患の分類と診断の手引　医学書院
融 通男・中根 允文・小宮山 実（監訳）（1993）．ICD-10 精神および行動の障害　医学書院

執筆者紹介

宮脇優子（みやわき ゆうこ）

法政大学キャリアデザイン学部兼任教員，武蔵野大学通信教育部兼任講師，民間企業カウンセラー。専門領域は，キャリアカウンセリング，産業カウンセリング，産業組織心理学。早稲田大学第一文学部（英文学専攻）卒業後，株式会社リクルート（現 株式会社リクルートホールディングス），株式会社人事測定研究所（現 株式会社リクルートマネジメントソリューションズ）に勤務し，新卒採用広報企画，人事アセスメント・人材開発，人事制度構築に関わる法人営業・コンサルティング及び管理職として従事。2002年より民間企業にて働く人を支援するカウンセラーとして活動を始め，現在に至る。財団法人女性労働協会「女性と仕事の未来館」元特別相談員。社会保険労務士法人すばる 顧問キャリアコンサルタント。これまでカウンセリングにて援助してきた人は5,000人を超える。

2002年筑波大学大学院教育研究科修士課程カウンセリング専攻カウンセリングコース修了（カウンセリング修士），国家資格キャリアコンサルタント。

編著書として，『働く人へのキャリア支援――働く人の悩みに応える27のヒント』（金剛出版，2015）がある。

廣　尚典（ひろ ひさのり）

産業医科大学名誉教授。医学博士，労働衛生コンサルタント，日本産業衛生学会指導医，社会医学系専門医協会指導医。専門領域は，産業保健，産業精神保健。産業医科大学医学部卒業後，日本鋼管株式会社（専属），アデコ株式会社（専属）などの産業医勤務を経て，2020年3月まで産業医科大学産業生態科学研究所精神保健学教授，同大学産業医実務研修センターセンター長を務める。2020年4月より産業精神保健実践研究所代表，株式会社フジクラ統括産業医他。日本産業精神保健学会理事，日本産業ストレス学会監事，日本精神衛生学会理事，日本ストレス学会理事，日本アルコール・アディクション医学会評議員，日本行動医学会評議員，日本うつ病学会評議員，人事院「心の健康づくり指導委員会」委員，神奈川産業保健総合支援センター相談員。

著書として，『要説産業精神保健 改訂2版』（診断と治療社，2020），『メンタルヘルスどう進める？　職場復帰支援の実務（How to 産業保健）』（産業医学振興財団，2021），編著書として，『新訂版　職場のメンタルヘルス　100のレシピ』（2017，金子書房），『チームで取り組む職場のメンタルヘルス』（診断と治療社，2011）。他に著書多数。

入門　キャリアカウンセリングとメンタルヘルス
基礎知識と実践

2021年8月20日　初版第1刷発行　［検印省略］

著　者　宮脇優子
廣　尚典
発行者　金子紀子
発行所　株式会社　金子書房
〒112-0012　東京都文京区大塚3-3-7
Tel 03-3941-0111（代）Fax 03-3941-0163
振替　00180-9-103376
URL　https://www.kanekoshobo.co.jp
印刷／藤原印刷株式会社　製本／一色製本株式会社

ISBN 978-4-7608-2438-0　C3011　Printed in Japan